Sur la télévision

suivi de

L'emprise du journalisme

PIERRE BOURDIEU

Sur la télévision

suivi de
*L'emprise
du journalisme*

RAISONS D'AGIR ÉDITIONS

Éditions RAISONS D'AGIR
27, rue Jacob, 75006 Paris
© Éditions Raisons d'Agir, mai 2008
www.raisonsdagir-editions.org
editions@raisonsdagir-editions.org

AVANT-PROPOS*

J'ai choisi de présenter à la télévision ces deux leçons afin d'essayer d'aller au-delà des limites du public ordinaire d'un cours du Collège de France. Je pense en effet que la télévision, à travers les différents mécanismes que je m'efforce de décrire de manière rapide – une analyse approfondie et systématique aurait demandé beaucoup plus de temps –, fait courir un danger très grand aux différentes sphères de la production culturelle, art, littérature, science, philosophie, droit ; je crois même que, contrairement à ce que pensent et à ce que disent, sans doute en toute bonne foi, les journalistes les plus conscients de leurs responsabilités, elle fait courir un danger non moins grand à la vie politique et à la démocratie. Je pourrais en faire aisément la preuve en analysant le traitement que, poussée par la recherche de l'audience la plus large, la télévision, suivie par une partie de la presse, a accordé aux fauteurs de propos et d'actes xénophobes et racistes ou

* Ce texte est la transcription revue et corrigée de l'enregistrement intégral de deux émissions réalisées le 18 mars 1996 dans le cadre d'une série de cours du Collège de France et diffusées par Paris Première en mai 1996 (« Sur la télévision » et « Le champ journalistique et la télévision », Collège de France - CNRS audio-visuel). J'ai reproduit en annexe le texte d'un article (initialement publié en introduction d'un numéro de *Actes de la recherche en sciences sociales* consacré à l'emprise de la télévision) qui présente, sous une forme plus rigoureuse, les thèmes de ces deux cours.

en montrant les concessions qu'elle fait chaque jour à une vision étroite et étroitement nationale, pour ne pas dire nationaliste, de la politique. Et pour ceux qui me suspecteraient de monter en épingle des particularités exclusivement françaises, je rappellerai, entre mille pathologies de la télévision américaine, le traitement médiatique du procès d'O.J. Simpson ou, plus récemment, la construction d'un simple meurtre comme « crime sexuel », avec tout un enchaînement de conséquences juridiques incontrôlables. Mais c'est sans doute un incident survenu récemment entre la Grèce et la Turquie qui constitue la meilleure illustration des dangers que fait courir la concurrence sans limites pour l'audimat : à la suite des appels à la mobilisation et des proclamations belliqueuses d'une chaîne de télévision privée, à propos d'un minuscule îlot désert, Imia, les télévisions et les radios privées grecques, relayées par les quotidiens, se sont lancées dans une surenchère de délires nationalistes ; les télévisions et journaux turcs, emportés par la même logique de la concurrence pour l'audimat, sont entrés dans la bataille. Débarquement de soldats grecs sur l'îlot, déplacement des flottes, et la guerre n'est évitée que de justesse. Peut-être l'essentiel de la nouveauté, dans les explosions de xénophobie et de nationalisme, qui s'observent en Turquie et en Grèce, mais aussi dans l'ancienne Yougoslavie, en France ou ailleurs, réside-t-il dans les possibilités d'exploiter à plein ces passions primaires que fournissent, aujourd'hui, les moyens modernes de communication.

Pour essayer de respecter le contrat que je m'étais assigné dans cet enseignement conçu comme une *intervention*, j'ai dû m'efforcer de m'exprimer de manière à être entendu de tous. Ce qui m'a obligé, en plus d'un cas, à des simplifications, ou à des approximations. Pour mettre au premier plan l'essentiel, c'est-à-dire le discours, à la différence (ou à l'inverse) de ce qui se pratique d'ordinaire à la télévision, j'ai choisi, en accord avec le réalisateur, d'éviter toute recherche formelle dans le cadrage et la prise de vues et de renoncer aux illustrations – extraits d'émissions, fac-similés de documents, statistiques, etc. – qui, outre qu'elles auraient pris sur un temps précieux, auraient sans doute brouillé la ligne d'un propos qui se voulait argumentatif et démonstratif. Le contraste avec la télévision ordinaire, qui faisait l'objet de l'analyse, était voulu, comme une manière d'affirmer l'autonomie du discours analytique et critique, fût-ce sous les apparences pédantes et pesantes, didactiques et dogmatiques d'un cours dit magistral : le discours articulé, qui a été peu à peu exclu des plateaux de télévision – la règle veut, dit-on, que dans les débats politiques, aux Etats-Unis, les interventions n'excèdent pas sept secondes – reste en effet une des formes les plus sûres de la résistance à la manipulation et de l'affirmation de la liberté de pensée.

J'ai bien conscience que la critique par le discours, à laquelle je me trouve réduit, n'est qu'un pis-aller, un substitut, moins efficace et divertissant, de ce que pourrait être une véritable critique de l'image par l'image, telle qu'on la trouve, çà et là, de Jean-Luc Godard dans *Tout va bien*, *Ici et ailleurs* ou *Comment ça va* jusqu'à Pierre Carles. Conscience aussi que ce que je fais s'inscrit dans le prolongement, et le complément, du combat constant de tous les professionnels de l'image attachés à lutter pour « l'indépendance de leur code de communication » et en particulier de la réflexion critique sur les images dont Jean-Luc Godard, encore lui, donne une illustration exemplaire avec son analyse d'une photographie de Joseph Kraft et des usages qui en ont été faits.

Et j'aurais pu reprendre à mon compte le programme que proposait le cinéaste : « Ce travail, c'était commencer à s'interroger politiquement [je dirais sociologiquement] sur les images et les sons, et sur leurs *rapports*. C'était ne plus dire : 'C'est une image juste', mais : 'C'est juste une image'; ne plus dire : 'C'est un officier nordiste sur un cheval', mais : 'C'est une *image* d'un cheval et d'un officier'. »

Je peux souhaiter, mais sans me faire beaucoup d'illusions, que mes analyses ne soient pas reçues comme des « attaques » contre les journalistes et contre la télévision inspirées par je ne sais quelle nostalgie passéiste d'une télévision culturelle style Télé Sorbonne ou par un refus, tout aussi réactif et régressif, de tout ce que la télévision peut, en dépit de tout, apporter, à travers par exemple certaines émissions de reportage. Bien que j'aie toutes les raisons de craindre qu'elles ne servent surtout à alimenter la complaisance narcissique d'un monde journalistique très enclin à porter sur lui-même un regard faussement critique, j'espère qu'elles pourront contribuer à donner des outils ou des armes à tous ceux qui, dans les métiers de l'image même, combattent pour que ce qui aurait pu devenir un extraordinaire instrument de démocratie directe ne se convertisse pas en instrument d'oppression symbolique.

1

Le plateau
et ses coulisses

Je voudrais essayer de poser, ici, à la télévision, un certain nombre de questions sur la télévision. Intention un peu paradoxale puisque je crois que, en général, on ne peut pas dire grand chose à la télévision, tout spécialement sur la télévision. Est-ce que je ne devrais pas, s'il est vrai qu'on ne peut rien dire à la télévision, conclure, avec un certain nombre d'intellectuels, d'artistes, d'écrivains, parmi les plus grands, qu'on devrait s'abstenir de s'y exprimer ?

Il me semble qu'on n'a pas à accepter cette alternative tranchée, en termes de tout ou rien. Je crois qu'il est important d'aller parler à la télévision mais *sous certaines conditions*. Aujourd'hui, grâce au service audiovisuel du Collège de France, je bénéficie de conditions qui sont tout à fait exceptionnelles : premièrement, mon temps n'est pas limité ; deuxièmement, le sujet de mon discours ne m'est pas imposé – j'en ai décidé librement et je peux encore le changer – ; troisièmement, personne n'est là, comme dans les émissions ordinaires, pour me rappeler à l'ordre, au nom de la technique, au nom du « public-qui-ne-comprendra-pas » ou au nom de la morale, de la bienséance, etc. C'est une situation tout à fait particulière puisque, pour employer un langage passé de mode, j'ai une *maîtrise des instruments de production* qui n'est pas coutumière. En insistant sur ce que les conditions qui me sont offertes ont de tout à fait exceptionnel, je dis déjà quelque chose sur les conditions ordinaires dans lesquelles on est amené à parler à la télévision.

Mais, dira-t-on, pourquoi dans les conditions ordinaires accepte-t-on malgré tout de participer à des émissions de télévision ? C'est une question très importante et pourtant la plupart des chercheurs, des savants, des écrivains, pour ne pas parler des journalistes, qui acceptent de participer, ne se la posent pas. Il me paraît nécessaire de s'interroger sur cette absence d'interrogation. Il me semble en effet que, en acceptant de participer sans s'inquiéter de savoir si l'on pourra dire quelque chose, on trahit très clairement qu'on n'est pas là pour dire quelque chose, mais pour de tout autres raisons, notamment pour se faire voir et être vu. « Etre, disait Berkeley, c'est être perçu ». Pour certains de nos philosophes (et de nos écrivains), être, c'est être perçu à la télévision, c'est-à-dire, en définitive, être perçu par les journalistes, être, comme on dit, *bien vu* des journalistes (ce qui implique bien des compromis et des compromissions) – et il est vrai que ne pouvant guère compter sur leur oeuvre pour exister dans la continuité, ils n'ont pas d'autre recours que d'apparaître aussi fréquemment que possible à l'écran, donc d'écrire à intervalles réguliers, et aussi brefs que possible, des ouvrages qui, comme l'observait Gilles Deleuze, ont pour fonction principale de leur assurer des invitations à la télévision. C'est ainsi que l'écran de télévision est devenu aujourd'hui une sorte de miroir de Narcisse, un lieu d'exhibition narcissique.

Ce préambule peut paraître un peu long, mais il me paraît souhaitable que les artistes, les écrivains et les savants se posent explicitement la question – si possible collectivement –, pour que chacun ne soit pas laissé

à lui-même devant le choix de savoir s'il faut accepter
ou non les invitations à la télévision, accepter en
posant des conditions ou sans en poser, etc. Je souhaiterais beaucoup (on peut toujours rêver) qu'ils prennent en mains ce problème, collectivement, et qu'ils
tentent d'instaurer des négociations avec les journalistes, spécialisés ou non, en vue d'aboutir à une sorte
de contrat. Il va de soi qu'il ne s'agit ni de condamner
ni de combattre les journalistes, qui souffrent souvent
beaucoup des contraintes qu'ils sont obligés d'imposer. Il s'agit, tout au contraire, de les associer à une
réflexion destinée à rechercher des moyens de surmonter en commun les menaces d'instrumentalisa-
tion.

Le parti-pris du refus pur et simple de s'exprimer à
la télévision ne me paraît pas défendable. Je pense
même que, dans certains cas, il peut y avoir une sorte
de *devoir* de le faire, à condition que ce soit possible
dans des conditions raisonnables. Et pour orienter le
choix, il faut prendre en compte la spécificité de l'instrument télévisuel. On a affaire, avec la télévision, à
un instrument qui, théoriquement, donne la possibilité d'atteindre tout le monde. De là un certain nombre
de questions préalables : est-ce que ce que j'ai à dire
est destiné à atteindre tout le monde ? Est-ce que je
suis prêt à faire en sorte que mon discours, par sa forme, puisse être entendu de tout le monde ? Est-ce qu'il
mérite d'être entendu par tout le monde ? On peut
même aller plus loin : est-ce qu'il doit être entendu par
tout le monde ? Il y a une mission des chercheurs, des
savants en particulier – et peut-être est-elle particulièrement pressante pour les sciences de la société – qui
est de restituer à tous les acquis de la recherche. Nous
sommes, comme disait Husserl, des « fonctionnaires

de l'humanité », payés par l'Etat pour découvrir des choses, soit sur le monde naturel, soit sur le monde social et il fait partie, me semble-t-il, de nos obligations, de restituer ce que nous avons acquis. Je me suis toujours efforcé de passer mes acceptations ou mes refus de participer au crible de ces interrogations préalables. Et je souhaiterais que tous ceux qui sont appelés à aller à la télévision se les posent ou qu'ils soient peu à peu obligés de se les poser parce que les téléspectateurs, les critiques de télévision, se les posent et les posent à propos de leurs apparitions à la télévision : a-t-il quelque chose à dire ? Est-il dans des conditions où il peut les dire ? Ce qu'il dit mérite-t-il d'être dit en ce lieu ? En un mot, que fait-il là ?

UNE CENSURE INVISIBLE

Mais je reviens à l'essentiel : j'ai avancé en commençant que l'accès à la télévision a pour contrepartie une formidable censure, une perte d'autonomie liée, entre autres choses, au fait que le sujet est imposé, que les conditions de la communication sont imposées et surtout, que la limitation du temps impose au discours des contraintes telles qu'il est peu probable que quelque chose puisse se dire. Cette censure qui s'exerce sur les invités, mais aussi sur les journalistes qui contribuent à la faire peser, on s'attend à ce que je dise qu'elle est politique. Il est vrai qu'il y a des interventions politiques, un contrôle politique (qui s'exerce notamment au travers des nominations aux postes dirigeants) ; il est vrai aussi et surtout que dans une période où, comme aujourd'hui, il y a une armée de réserve et une très grande précarité de l'emploi dans les professions de la télévision et de la radio, la propension au conformisme politique est plus grande. Les gens se conforment par une forme consciente ou inconsciente d'autocensure, sans qu'il soit besoin de faire des rappels à l'ordre.

On peut penser aussi aux censures économiques. Il est vrai que, en dernier ressort, on pourra dire que ce qui pèse sur la télévision, c'est la contrainte économique. Cela dit, on ne peut se contenter de dire que ce qui se passe à la télévision est déterminé par les gens qui la possèdent, par les annonceurs qui payent la publicité, par l'Etat qui donne des subventions, et si on ne savait, sur une chaîne de télévision, que le nom du propriétaire, la part des différents annonceurs dans le budget et le montant des subventions, on ne comprendrait pas grand chose. Reste qu'il est important de le rappeler. Il est important de savoir que la NBC est la propriété de General Electric (ce qui veut dire que, si elle s'aventure à faire des interviews sur les riverains d'une centrale atomique, il est probable que... d'ailleurs ça ne viendrait à l'idée de personne...), que CBS est la propriété de Westinghouse, que ABC est la propriété de Disney, que TF1 est la propriété de Bouygues, ce qui a des conséquences, à travers toute une série de médiations. Il est évident qu'il y a des choses qu'un gouvernement ne fera pas à Bouygues sachant que Bouygues est derrière TF1. Ce sont là des choses tellement grosses et grossières que la critique la plus élémentaire les perçoit, mais qui cachent les mécanismes anonymes, invisibles, à travers lesquels s'exercent les censures de tous ordres qui font de la télévision un formidable instrument de maintien de l'ordre symbolique.

Je dois m'arrêter un instant à ce point. L'analyse sociologique se heurte souvent à un malentendu : ceux qui sont inscrits dans l'objet de l'analyse, dans le cas particulier les journalistes, ont tendance à penser que le travail d'énonciation, de dévoilement des mécanismes, est un travail de dénonciation, dirigé contre des personnes ou, comme on dit, des « attaques », des attaques personnelles, *ad hominem* (cela dit, si le sociologue disait ou écrivait le dixième de ce qu'il entend lorsqu'il parle avec des journalistes, sur les « ménages » par exemple, ou sur la fabrication – c'est bien le mot – des émissions, il serait dénoncé par les mêmes journalistes pour son parti-pris et son manque d'objectivité). Les gens, de façon générale, n'aiment guère être pris pour objets, objectivés, et les journalistes moins que tous les autres. Ils se sentent visés, épinglés, alors que, plus on avance dans l'analyse d'un milieu, plus on est amené à dédouaner les individus de leur responsabilité, – ce qui ne veut pas dire qu'on justifie tout ce qui s'y passe –, et mieux on comprend comment il fonctionne, plus on comprend aussi que les gens qui en participent sont manipulés autant que manipulateurs. Ils manipulent même d'autant mieux, bien souvent, qu'il sont eux-mêmes plus manipulés et plus inconscients de l'être. J'insiste sur ce point, tout en sachant que, malgré tout, ce que je dis sera perçu comme une critique ; réaction qui est aussi une manière de se défendre contre l'analyse. Je crois même que la dénonciation des scandales, des faits et des méfaits de tel ou tel présentateur, ou des salaires exorbitants de certains producteurs, peut contribuer à détourner de l'essentiel, dans la mesure où la corruption des personnes masque cette sorte de *corruption structurelle* (mais faut-il encore parler de corruption ?) qui s'exerce sur l'ensemble du jeu à travers des mécanismes tels que la concurrence pour les parts de marché, que je veux essayer d'analyser.

Je voudrais donc démonter une série de mécanismes qui font que la télévision exerce une forme particulièrement pernicieuse de violence symbolique. La violence symbolique est une violence qui s'exerce avec la complicité tacite de ceux qui la subissent et aussi, souvent, de ceux qui l'exercent dans la mesure où les uns et les autres sont inconscients de l'exercer ou de la subir. La sociologie, comme toutes les sciences, a pour fonction de dévoiler des choses cachées ; ce faisant, elle peut contribuer à minimiser la violence symbolique qui s'exerce dans les rapports sociaux et en particulier dans les rapports de communication médiatique.

Prenons le plus facile : les faits divers, qui ont toujours été la pâture préférée de la presse à sensations ; le sang et le sexe, le drame et le crime ont toujours fait vendre et le règne de l'audimat devait faire remonter à la une, à l'ouverture des journaux télévisés, ces ingrédients que le souci de respectabilité imposé par le modèle de la presse écrite sérieuse avait jusque là porté à écarter ou à reléguer. Mais les faits divers, ce sont aussi des faits qui font diversion. Les prestidigitateurs ont un principe élémentaire qui consiste à attirer l'attention sur autre chose que ce qu'ils font. Une part de l'action symbolique de la télévision, au niveau des informations par exemple, consiste à attirer l'attention sur des faits qui sont de nature à intéresser tout le monde, dont on peut dire qu'ils sont *omnibus* – c'est-à-dire pour tout le monde. Les faits omnibus sont des faits qui, comme on dit, ne doivent choquer personne, qui sont sans enjeu, qui ne divisent pas, qui font le consensus, qui intéressent tout le monde mais sur un mode tel qu'ils ne touchent à rien d'important. Le fait divers, c'est cette sorte de denrée élémentaire, rudimentaire, de l'information qui est très importante parce qu'elle intéresse tout le monde sans tirer à conséquence et qu'elle prend du temps, du temps qui pourrait être employé pour dire autre chose.

Or le temps est une denrée extrêmement rare à la télévision. Et si l'on emploie des minutes si précieuses pour dire des choses si futiles, c'est que ces choses si futiles sont en fait très importantes dans la mesure où elles cachent des choses précieuses. Si j'insiste sur ce point, c'est qu'on sait par ailleurs qu'il y a une proportion très importante de gens qui ne lisent aucun quotidien ; qui sont voués corps et âme à la télévision comme source unique d'informations. La télévision a une sorte de monopole de fait sur la formation des cerveaux d'une partie très importante de la population. Or, en mettant l'accent sur les faits divers, en remplissant ce temps rare avec du vide, du rien ou du presque rien, on écarte les informations pertinentes que devrait posséder le citoyen pour exercer ses droits démocratiques. Par ce biais, on s'oriente vers une division, en matière d'information, entre ceux qui peuvent lire les quotidiens dit sérieux, si tant est qu'ils resteront sérieux du fait de la concurrence de la télévision, ceux qui ont accès aux journaux internationaux, aux chaînes de radio en langue étrangère, et, de l'autre côté, ceux qui ont pour tout bagage politique l'information fournie par la télévision, c'est-à-dire à peu près rien (en dehors de l'information que procure la connaissance directe des hommes et des femmes en vue, de leur visage, de leurs expressions, autant de choses que les plus démunis culturellement savent déchiffrer, – ce qui ne contribue pas peu à les éloigner de nombre de responsables politiques).

CACHER EN MONTRANT

J'ai mis l'accent sur le plus visible. Je voudrais aller vers des choses légèrement moins visibles en montrant comment la télévision peut, paradoxalement, cacher en montrant, en montrant autre chose que ce qu'il faudrait montrer si on faisait ce que l'on est censé faire, c'est-à-dire informer ; ou encore en montrant ce qu'il faut montrer, mais de telle manière qu'on ne le montre pas ou qu'on le rend insignifiant, ou en le construisant de telle manière qu'il prend un sens qui ne correspond pas du tout à la réalité.

Sur ce point, je prendrai deux exemples empruntés aux travaux de Patrick Champagne. Dans *La Misère du monde*, Patrick Champagne a consacré un chapitre à la représentation que les médias donnent des phénomènes dits de « banlieue » et il montre comment les journalistes, portés à la fois par les propensions inhérentes à leur métier, à leur vision du monde, à leur formation, à leurs dispositions, mais aussi par la logique de la profession, sélectionnent dans cette réalité particulière qu'est la vie des banlieues, un aspect tout à fait particulier, en fonction de catégories de perception qui leur sont propres. La métaphore la plus communément employée par les professeurs pour expliquer cette notion de catégorie, c'est-à-dire ces structures invisibles qui organisent le perçu, déterminant ce qu'on voit et ce qu'on ne voit pas, est celle des lunettes. Ces catégories sont le produit de notre éducation, de l'histoire, etc. Les journalistes ont des « lunettes » particulières à partir desquelles ils voient certaines choses et pas d'autres ; et voient d'une certaine manière les choses qu'ils voient. Ils opèrent une sélection et une construction de ce qui est sélectionné.

Le principe de sélection, c'est la recherche du sensationnel, du spectaculaire. La télévision appelle à la *dramatisation*, au double sens : elle met en scène, en images, un événement et elle en exagère l'importance, la gravité, et le caractère dramatique, tragique. Pour les banlieues, ce qui intéressera ce sont les émeutes. C'est déjà un grand mot... (On fait le même travail sur les mots. Avec des mots ordinaires, on n'« épate pas le bourgeois », ni le « peuple ». Il faut des mots extraordinaires. En fait, paradoxalement, le monde de l'image est dominé par les mots. La photo n'est rien sans la légende qui dit ce qu'il faut lire – *legendum* –, c'est-à-dire, bien souvent, des légendes, qui font voir n'importe quoi. Nommer, on le sait, c'est faire voir, c'est créer, porter à l'existence. Et les mots peuvent faire des ravages : islam, islamique, islamiste – le foulard est-il islamique ou islamiste ? Et s'il s'agissait simplement d'un fichu, *sans plus* ? Il m'arrive d'avoir envie de reprendre *chaque mot* des présentateurs qui parlent souvent à la légère, sans avoir la moindre idée de la difficulté et de la gravité de ce qu'ils évoquent et des responsabilités qu'ils encourent en les évoquant, devant des milliers de téléspectateurs, sans les comprendre et sans comprendre qu'ils ne les comprennent pas. Parce que ces mots font des choses, créent des fantasmes, des peurs, des phobies ou, simplement, des représentations fausses). Les journalistes, grosso modo, s'intéressent à l'exceptionnel, à ce qui est exceptionnel *pour eux*. Ce qui peut être banal pour d'autres pourra être extraordinaire pour eux ou l'inverse. Ils s'intéressent à l'extraordinaire, à ce qui rompt avec l'ordinaire, à ce qui n'est pas quotidien – les quotidiens doivent offrir quotidiennement de l'extra-quotidien, ce n'est pas facile... D'où la place qu'ils accordent à l'extraordinaire ordinaire, c'est-à-dire prévu par les attentes ordinaires, incendies, inondations, assassinats, faits divers. Mais l'extra-ordinaire, c'est aussi et surtout ce qui n'est pas ordinaire par rapport aux autres journaux. C'est ce qui est différent de l'ordinaire et ce qui est différent de ce

que les autres journaux disent de l'ordinaire, ou disent
ordinairement. C'est une contrainte terrible : celle
qu'impose la poursuite du *scoop*. Pour être le premier à
voir et à faire voir quelque chose, on est prêt à peu près
à n'importe quoi, et comme on se copie mutuellement
en vue de devancer les autres, de faire avant les autres,
ou de faire autrement que les autres, on finit par faire
tous la même chose, la recherche de l'exclusivité, qui,
ailleurs, dans d'autres champs, produit l'originalité, la
singularité, aboutit ici à l'uniformisation et à la banali-
sation.

Cette recherche intéressée, acharnée, de l'extra-ordinaire peut avoir, autant que les consignes directement
politiques ou les auto-censures inspirées par la crainte
de l'exclusion, des effets politiques. Disposant de cette
force exceptionnelle qu'est celle de l'image télévisée,
les journalistes peuvent produire des effets sans équivalents. La vision quotidienne d'une banlieue, dans sa
monotonie et sa grisaille, ne dit rien à personne, n'intéresse personne, et les journalistes moins que personne. Mais s'intéresseraient-ils à ce qui se passe vraiment
dans les banlieues et voudraient-ils vraiment le montrer, que ce serait extrêmement difficile, en tout cas. Il
n'y a rien de plus difficile que de faire ressentir la réalité dans sa banalité. Flaubert aimait à dire : « il faut
peindre bien le médiocre ». C'est le problème que rencontrent les sociologues : rendre extraordinaire l'ordinaire ; évoquer l'ordinaire de façon à ce que les gens
voient à quel point il est extraordinaire.

Les dangers politiques qui sont inhérents à l'usage
ordinaire de la télévision tiennent au fait que l'image a
cette particularité qu'elle peut produire ce que les critiques littéraires appellent *l'effet de réel,* elle peut faire
voir et faire croire à ce qu'elle fait voir. Cette puissance

d'évocation a des effets de mobilisation. Elle peut faire exister des idées ou des représentations, mais aussi des groupes. Les faits divers, les incidents ou les accidents quotidiens, peuvent être chargés d'implications politiques, éthiques, etc. propres à déclencher des sentiments forts, souvent négatifs, comme le racisme, la xénophobie, la peur-haine de l'étranger et le simple compte rendu, le fait de rapporter, *to record*, en *reporter*, implique toujours une construction sociale de la réalité capable d'exercer des effets sociaux de mobilisation (ou de démobilisation).

Autre exemple que j'emprunte à Patrick Champagne, celui de la grève des lycéens de 1986, où l'on voit comment les journalistes peuvent, en toute bonne foi, en toute naïveté, en se laissant conduire par leurs intérêts – ce qui les intéresse –, leurs présupposés, leurs catégories de perception et d'appréciation, leurs attentes inconscientes, produire des effets de réel et des effets dans le réel, effets qui ne sont voulus par personne et qui, en certains cas, peuvent être catastrophiques. Les journalistes avaient en tête mai 1968 et la peur de rater « un nouveau 68 ». On a affaire à des adolescents pas très politisés qui ne savent pas trop quoi dire, alors on suscite des porte-parole (sans doute parmi les plus politisés d'entre eux) et on les prend au sérieux et les porte-parole se prennent au sérieux. Et, de fil en aiguille, la télévision qui prétend être un instrument d'enregistrement, devient instrument de création de réalité. On va de plus en plus vers des univers où le monde social est décrit-prescrit par la télévision. La télévision devient l'arbitre de l'accès à l'existence sociale et politique. Supposons qu'aujourd'hui je veuille obtenir le droit à la retraite à 50 ans. Il y a quelques années, j'aurais fait une manifestation, on aurait pris des pancartes, on aurait défilé, on aurait été au Ministère de l'Education Nationale ; aujourd'hui, il faut prendre – j'exagère à peine – un conseiller en communication habile. On fait à l'intention des médias, quelques trucs qui vont les frapper : un déguisement, des masques, et on obtient, par la télévision, un effet qui peut n'être pas loin de celui qu'obtiendrait une manifestation de 50 000 personnes.

Un des enjeux des luttes politiques, à l'échelle des échanges quotidiens ou à l'échelle globale, est la capacité d'imposer des principes de vision du monde, des lunettes telles que les gens voient le monde selon certaines divisions (les jeunes et les vieux, les étrangers et les Français). En imposant ces divisions, on fait des groupes, qui se mobilisent et qui, ce faisant, peuvent parvenir à convaincre de leur existence, à faire pression et à obtenir des avantages. Dans ces luttes, aujourd'hui, la télévision joue un rôle déterminant. Ceux qui en sont encore à croire qu'il suffit de manifester sans s'occuper de la télévision risquent de rater leur coup : il faut de plus en plus produire des manifestations pour la télévision, c'est-à-dire des manifestations qui soient de nature à intéresser les gens de télévision étant donné ce que sont leurs catégories de perception, et qui, relayées, amplifiées par eux, recevront leur pleine efficacité.

LA CIRCULATION CIRCULAIRE DE L'INFORMATION

Jusqu'à présent, j'ai parlé comme si le sujet de tous ces processus était le journaliste. Mais le journaliste est une entité abstraite qui n'existe pas ; ce qui existe, ce sont des journalistes différents selon le sexe, l'âge, le niveau d'instruction, le journal, le « médium ». Le monde des journalistes est un monde divisé où il y a des conflits, des concurrences, des hostilités. Cela dit, mon analyse reste vraie, parce que ce que j'ai à l'esprit, c'est que les produits journalistiques sont beaucoup plus homogènes qu'on ne le croit. Les différences les plus évidentes, liées notamment à la coloration politique des journaux (qui d'ailleurs, il faut bien le dire, se décolorent de plus en plus...), cachent des ressemblances profondes, liées notamment aux contraintes imposées par les sources et par toute une série de mécanismes, dont le plus important est la logique de la concurrence. On dit toujours, au nom du credo libéral, que le monopole uniformise et que la concurrence diversifie. Je n'ai rien, évidemment, contre la concurrence, mais j'observe seulement que, lorsqu'elle s'exerce entre des journalistes ou des journaux qui sont soumis aux mêmes contraintes, aux mêmes sondages, aux mêmes annonceurs (il suffit de voir avec quelle facilité les journalistes passent d'un journal à un autre), elle homogénéise. Comparez les couvertures des hebdomadaires français à quinze jours d'intervalle : ce sont à peu près les mêmes titres. De même, dans les journaux télévisés ou radiophoniques des chaînes à grande diffusion, au mieux, ou au pire, seul l'ordre des informations change.

Cela tient pour une part au fait que la production est collective. Au cinéma, par exemple, les oeuvres sont le produit de collectifs dont les génériques rendent compte. Mais le collectif dont les messages télévisés sont le produit ne se réduit pas au groupe constitué par l'ensemble d'une rédaction ; il englobe l'ensemble des journalistes. On pose toujours la question « mais qui est le sujet d'un discours ? ». On n'est jamais sûr d'être le sujet de ce qu'on dit... Nous disons beaucoup moins de choses originales que nous ne le croyons. Mais c'est particulièrement vrai dans des univers où les contraintes collectives sont très fortes et en particulier les contraintes de la concurrence, dans la mesure où chacun des producteurs est amené à faire des choses qu'il ne ferait pas si les autres n'existaient pas ; des choses qu'il fait, par exemple, pour arriver avant les autres. Personne ne lit autant les journaux que les journalistes, qui, par ailleurs, ont tendance à penser que tout le monde lit tous les journaux (Ils oublient que, d'abord, beaucoup de gens n'en lisent pas, et ensuite que ceux qui en lisent en lisent un seul. Il n'est pas fréquent qu'on lise le même jour *Le Monde*, *Le Figaro* et *Libération*, à moins d'être un professionnel). Pour les journalistes, la lecture des journaux est une activité indispensable et la revue de presse un instrument de travail : pour savoir ce qu'on va dire, il faut savoir ce que les autres ont dit. C'est un des mécanismes à travers lesquels s'engendre l'homogénéité des produits proposés. Si *Libération* fait sa une sur tel événement, *Le Monde* ne peut pas lui rester indifférent, quitte à se démarquer un peu (a fortiori si c'est de TF1 qu'il s'agit) pour marquer la distance et garder sa réputation de hauteur et de sérieux. Mais ces petites différences auxquelles, subjectivement, les différents journalistes attachent tant d'importance, masquent les énormes ressemblances. Dans les comités de rédaction, on passe une part considérable du temps à parler d'autres journaux, et en particulier de « ce qu'ils ont fait et qu'on n'a pas fait » (« on a loupé ça ! ») et qu'on aurait dû faire – sans discussion – puisqu'ils l'ont fait. C'est peut-être encore plus visible dans l'ordre de la critique littéraire, artistique ou cinématographique. Si X parle d'un livre dans *Libération*, Y devra en parler dans *Le Monde* ou dans le *Nouvel Observateur*, même s'il le trouve nul ou sans importance, et inversement. C'est ainsi que se font les succès médiatiques, parfois corrélés avec des succès de vente (pas toujours).

Cette sorte de jeu de miroirs se réfléchissant mutuellement produit un formidable effet de clôture, d'enfermement mental. Autre exemple de cet effet de l'interlecture, attesté dans tous les entretiens : pour faire le programme du journal télévisé de midi, il faut avoir vu les titres du 20 heures de la veille et les quotidiens du matin et pour faire mes titres du journal du soir il faut que j'aie lu les journaux du matin. Ça fait partie des exigences tacites du métier. Cela à la fois pour être dans le coup et pour se démarquer, et souvent par des différences infimes, auxquelles les journalistes accordent une importance fantastique et qui passent complètement inaperçues du téléspectateur. (Voilà un effet de champ particulièrement typique : on fait, par référence aux concurrents, des choses que l'on croit faire pour mieux s'ajuster aux désirs des clients). Par exemple, les journalistes diront – je cite – « on a niqué TF1 » ; manière d'avouer qu'ils sont en concurrence et qu'une bonne part de leurs efforts vise à produire des petites différences. « On a niqué TF1 », ça signifie : nous sommes une différentielle de sens ; « eux, ils n'ont pas eu le son, nous oui ». Des différences absolument imperceptibles du spectateur moyen, qu'il ne pourrait percevoir que s'il voyait simultanément plusieurs chaînes, différences qui passent donc tout à fait inaperçues, sont très importantes du point de vue des producteurs qui ont l'idée que, étant perçues, elles contribuent au succès à l'audimat, Dieu caché de cet univers qui règne sur les consciences, et perdre un point d'audimat, dans certains cas, c'est la mort sans phrases. Ce n'est là qu'une des équations, fausses à mon avis, à propos de la relation entre le contenu des émissions et leur effet supposé.

Les choix qui s'opèrent à la télévision sont en quelque sorte des choix sans sujet. Pour expliquer cette proposition peut-être un peu excessive, j'invoquerai simplement les effets du mécanisme de circulation circulaire auquel j'ai fait allusion rapidement : le fait que les journalistes qui, au demeurant, ont beaucoup de propriétés communes, de condition, mais aussi d'origine et de formation, se lisent les uns les autres, se voient les uns les autres, se rencontrent constamment les uns les autres dans des débats où l'on revoit toujours les mêmes, a des effets de fermeture et, il ne faut pas hésiter à le dire, de *censure* aussi efficaces – plus efficaces, même parce que le principe en est plus invisible – que ceux d'une bureaucratie centrale, d'une intervention politique expresse. (Pour mesurer la force de fermeture de ce cercle vicieux de l'information, il suffit d'essayer d'y faire pénétrer – pour qu'elle en ressorte vers le grand public – une information non programmée, sur la situation en Algérie, sur le statut des étrangers en France, etc. La conférence de presse, le communiqué de presse ne servent à rien ; l'analyse est censée ennuyer, et il est impossible de la passer dans un journal, à moins qu'elle ne soit signée d'un nom célèbre, qui fait vendre. Pour briser le cercle, il faut procéder par effraction, mais l'effraction ne peut être que médiatique ; il faut parvenir à faire un « coup » qui intéresse les médias, ou, du moins un « médium » et qui pourra être relayé par l'effet de la concurrence).

Si on se demande, question qui peut paraître un petit peu naïve, comment sont informés ces gens qui sont chargés de nous informer, il apparaît que, en gros, ils sont informés par d'autres informateurs. Bien sûr, il y a l'AFP, les agences, les sources officielles (ministères, police, etc.) avec lesquelles les journalistes sont tenus d'entretenir des relations d'échange très complexes, etc. Mais la part la plus déterminante de l'information, c'est-à-dire cette *information sur l'information* qui permet de décider ce qui est important, ce qui mérite d'être transmis, vient en grande partie des autres informateurs. Et cela conduit à une sorte de nivellement, d'homogénéisation des hiérarchies d'importance. Je me rappelle avoir eu un entretien avec un directeur des programmes ; il vivait dans l'évidence totale. Je lui demandais : « pourquoi mettez-vous ceci en premier et cela en second ? » Et il répondait : « C'est évident ». Et c'est sans doute pour cette raison qu'il occupait la place où il était ; c'est-à-dire parce que ses catégories de perception étaient ajustées aux exigences objectives. (En l'entendant parler, je ne pouvais m'empêcher de penser à Godard disant : « Verneuil est un tzigane par rapport au directeur de FR3. Enfin, par comparaison »). Bien sûr, dans les différentes positions à l'intérieur même du milieu du journalisme, les différents journalistes trouvent inégalement évident ce qu'il tenait pour évident. Les responsables qui incarnent l'audimat ont un sentiment d'évidence qui n'est pas nécessairement partagé par la petite pigiste qui débarque, qui propose un sujet et à qui on dit : « Ça n'a aucun intérêt... ». On ne peut pas se représenter ce milieu comme homogène : il y a des petits, des jeunes, des subversifs, des casse-pieds qui luttent désespérément pour introduire des petites différences dans cette énorme bouillie homogène qu'impose le cercle (vicieux) de l'information circulant de manière circulaire entre des gens qui ont en commun – il ne faut pas l'oublier –, d'être soumis à la contrainte de l'audimat, les cadres eux-mêmes n'étant que le bras de l'audimat.

L'audimat, c'est cette mesure du taux d'audience dont bénéficient les différentes chaînes (il y a des instruments, actuellement, dans certaines chaînes qui permettent de vérifier l'audimat quart d'heure par quart d'heure et même, c'est un perfectionnement qui a été introduit récemment, de voir les variations par grandes catégories sociales). On a donc une connaissance très précise de ce qui passe et ce qui ne passe pas. Cette mesure est devenue le jugement dernier du journaliste : jusque dans les lieux les plus autonomes du journalisme, à part peut-être *Le Canard enchaîné*, *Le Monde diplomatique*, et quelques petites revues d'avant-garde animées par des gens généreux et « irresponsables », l'audimat est actuellement dans tous les cerveaux. Il y a, aujourd'hui, une « mentalité audimat » dans les salles de rédaction, dans les maisons d'édition, etc. Partout, on pense en termes de succès commercial. Il y a simplement une trentaine d'années, et ça depuis le milieu du XIXᵉ siècle, depuis Baudelaire, Flaubert etc., dans le milieu des écrivains d'avant-garde, des écrivains pour écrivains, reconnus par les écrivains, ou, de même, parmi les artistes reconnus par les artistes, le succès commercial immédiat était suspect : on y voyait un signe de compromission avec le siècle, avec l'argent... Alors qu'aujourd'hui, de plus en plus, le marché est reconnu comme instance légitime de légitimation. On le voit bien avec cette autre institution récente qu'est la liste de *best-sellers*. J'entendais encore ce matin à la radio un présentateur commenter savamment le dernier *best-seller* et dire : « la philosophie est à la mode cette année puisque *Le Monde de Sophie* a fait 800 000 exemplaires ». Il donnait comme verdict absolu, comme jugement dernier, le verdict des chiffres de ventes. A travers l'audimat, c'est la logique du commercial qui s'impose aux productions culturelles. Or, il est important de savoir que, historiquement, toutes les productions culturelles que je considère, – et je ne suis pas le seul, j'espère –, qu'un certain nombre de gens considèrent comme les productions les plus hautes de l'humanité, les mathématiques, la poésie, la littérature, la philosophie, toutes ces choses ont été produites contre l'équivalent de l'audimat, contre la logique du commerce. Voir se réintroduire cette mentalité audimat jusque chez les éditeurs d'avant-garde, jusque dans les institutions savantes, qui se mettent à faire du marketing, c'est très inquiétant parce que cela risque de mettre en question les conditions mêmes de la production d'oeuvres qui peuvent paraître ésotériques, parce qu'elles ne vont pas au devant des attentes de leur public, mais qui, à terme, sont capables de créer leur public.

L'URGENCE ET LE *FAST THINKING*

Sur la télévision, l'audimat exerce un effet tout à fait particulier : il se retraduit dans la pression de l'urgence. La concurrence entre les journaux, la concurrence entre les journaux et la télévision, la concurrence entre les télévisions, prend la forme d'une concurrence temporelle pour le *scoop*, pour être le premier. Par exemple, dans un livre où il présente un certain nombre d'entretiens avec des journalistes, Alain Accardo montre comment les journalistes de télévision sont amenés, parce que telle télévision concurrente a « couvert » une inondation, à aller « couvrir » cette inondation en essayant d'avoir quelque chose que l'autre n'a pas eu. Bref, il y a des objets qui sont imposés aux téléspectateurs parce qu'ils s'imposent aux producteurs ; et ils s'imposent aux producteurs parce qu'ils sont imposés par la concurrence avec d'autres producteurs. Cette sorte de pression croisée que les journalistes font peser les uns sur les autres, est génératrice de toute une série de conséquences qui se retraduisent par des choix, des absences et des présences.

Je disais en commençant que la télévision n'est pas très favorable à l'expression de la pensée. J'établissais un lien, négatif, entre l'urgence et la pensée. C'est un vieux topique du discours philosophique : c'est l'opposition que fait Platon entre le philosophe qui a du temps et les gens qui sont sur l'*agora*, la place publique, et qui sont pris par l'urgence. Il dit, à peu près, que, dans l'urgence, on ne peut pas penser. C'est franchement aristocratique. C'est le point de vue du privilégié qui a du temps, et qui ne s'interroge pas trop sur son privilège. Mais ce n'est pas le lieu de discuter cet aspect ; ce qui est sûr, c'est qu'il y a un lien entre la pensée et le temps. Et un des problèmes majeurs que pose la télévision, c'est la question des rapports entre la pensée et la vitesse. Est-ce qu'on peut penser dans la vitesse ? Est-ce que la télévision, en donnant la parole à des penseurs qui sont censés penser à vitesse accélérée, ne se condamne pas à n'avoir jamais que des *fast-thinkers*, des penseurs qui pensent plus vite que leur ombre...

Il faut en effet se demander pourquoi ils sont capables de répondre à ces conditions tout à fait particulières, pourquoi ils arrivent à penser dans des conditions où personne ne pense plus. La réponse est, me semble-t-il, qu'ils pensent par « idées reçues ». Les « idées reçues » dont parle Flaubert, ce sont des idées reçues par tout le monde, banales, convenues, communes ; mais ce sont aussi des idées qui, quand vous les recevez, sont déjà reçues, en sorte que le problème de la réception ne se pose pas. Or, qu'il s'agisse d'un discours, d'un livre ou d'un message télévisuel, le problème majeur de la communication est de savoir si les conditions de réception sont remplies ; est-ce que celui qui écoute a le code pour décoder ce que je suis en train de dire ? Quand vous émettez une « idée reçue », c'est comme si c'était fait ; le problème est résolu. La communication est instantanée, parce que, en un sens, elle n'est pas. Ou elle n'est qu'apparente. L'échange de lieux communs est une communication sans autre contenu que le fait même de la communication. Les « lieux communs » qui jouent un rôle énorme dans la conversation quotidienne ont cette vertu que tout le monde peut les recevoir et les recevoir instantanément : par leur banalité, ils sont communs à l'émetteur et au récepteur. A l'opposé, la pensée est, par définition, subversive : elle doit commencer par démonter les « idées reçues » et elle doit ensuite démontrer. Quand Descartes parle de démonstration, il parle de longues chaînes de raisons. Ça prend du temps, il faut dérouler une série de propositions enchaînées par des « donc », « en conséquence », « cela dit », « étant entendu que »... Or, ce déploiement de la pensée *pensante* est intrinsèquement lié au temps.

Si la télévision privilégie un certain nombre de *fast-thinkers* qui proposent du *fast-food* culturel, de la nourriture culturelle prédigérée, pré-pensée, ce n'est pas seulement parce que (et ça fait partie aussi de la soumission à l'urgence) ils ont un carnet d'adresses, d'ailleurs toujours le même (sur la Russie, c'est M. ou Mme X., sur l'Allemagne, c'est M. Y.) : il y a des locuteurs obligés qui dispensent de chercher qui aurait quelque chose à dire vraiment, c'est-à-dire, souvent, des jeunes, encore inconnus, engagés dans leur recherche, peu enclins à fréquenter les médias, qu'il faudrait aller chercher, alors qu'on a sous la main, toujours disponibles et prêts à pondre leur papier ou à donner leur interview, les habitués des médias. Il y a aussi le fait que, pour être capable de « penser » dans des conditions où personne ne pense plus, il faut être penseur d'un type particulier.

DES DÉBATS VRAIMENT FAUX OU FAUSSEMENT VRAIS

Il faudrait en venir aux débats. Sur ce point, je vais être rapide parce que je pense que la démonstration est plus facile : il y a d'abord les débats vraiment faux, qu'on reconnaît tout de suite comme tels. Quand vous voyez, à la télévision, Alain Minc et Attali, Alain Minc et Sorman, Ferry et Finkielkraut, Julliard et Imbert..., ce sont des compères. (Aux États-Unis, il y a des gens qui gagnent leur vie en allant de fac en fac faire des duos de ce type...). Ce sont des gens qui se connaissent, qui déjeunent ensemble, qui dînent ensemble. (Lisez le journal de Jacques Julliard, *L'Année des dupes*, qui est paru au Seuil cette année, vous verrez comment ça marche). Par exemple, dans une émission de Durand sur les élites que j'avais regardée de près, tous ces gens-là étaient présents. Il y avait Attali, Sarkozy, Minc... A un moment donné, Attali, parlant à Sarkozy, a dit « Nicolas... Sarkozy ». Il y a eu un silence entre le prénom et le nom : s'il s'était arrêté au prénom, on aurait vu qu'ils étaient compères, qu'ils se connaissaient intimement, alors qu'ils sont, apparemment, de deux partis opposés. Il y avait là un petit signe de connivence qui pouvait passer inaperçu. En fait, l'univers des invités permanents est un monde clos d'inter-connaissance qui fonctionne dans une logique d'auto-renforcement permanent. (Le débat entre Serge July et Philippe

Alexandre chez Christine Ockrent, ou sa parodie par les Guignols, qui en est le condensé, est, de ce point de vue, exemplaire). Ce sont des gens qui s'opposent mais de manière tellement convenue... Par exemple, Julliard et Imbert sont censés représenter la gauche et la droite. A propos de quelqu'un qui parle à tort et à travers, les Kabyles disent : « *il m'a mis l'est en ouest* ». Ce sont des gens qui vous mettent la droite en gauche. Est-ce que le public est conscient de cette complicité ? Ce n'est pas sûr. Disons peut-être. Ça se manifeste sous la forme d'un refus global de Paris, que la critique fasciste du parisianisme essaie de récupérer et qui s'est exprimé, maintes fois, à l'occasion des événements de novembre : « tout ça, ce sont des histoires de Parisiens ». Ils sentent bien qu'il y a quelque chose, mais ils ne voient pas à quel point ce monde est clos, fermé sur lui-même, donc fermé à leurs problèmes, à leur existence même.

Il y a aussi des débats apparemment vrais, faussement vrais. Je vais en analyser un rapidement : j'ai choisi le débat organisé par Cavada pendant les grèves de novembre parce qu'il a toutes les apparences du débat démocratique, et pour pouvoir raisonner a fortiori. Or, quand on regarde ce qui s'est passé lors de ce débat (je vais procéder comme j'ai fait jusqu'à présent, en allant du plus visible au plus caché), on voit une série d'opérations de censure.

Premier niveau : le rôle du présentateur. C'est ce qui frappe toujours les spectateurs. Ils voient bien que le présentateur fait des interventions contraignantes. C'est lui qui impose le sujet, qui impose la problématique (souvent si absurde, comme dans le débat de Durand – « faut-il brûler les élites ? » –, que toutes les réponses, oui ou non, le sont également). Il impose le

respect de la règle du jeu. Règle du jeu à géométrie
variable : elle n'est pas la même quand il s'agit d'un
syndicaliste ou quand il s'agit de M. Peyreffite de
l'Académie française. Il distribue la parole, il distribue
les signes d'importance. Certains sociologues se sont
essayés à dégager l'implicite non verbal de la communication verbale : nous disons autant par les regards, par
les silences, par les gestes, par les mimiques, les mouve-
ments des yeux etc., que par la parole elle-même. Et
aussi par l'intonation, par toutes sortes de choses. On
livre donc énormément plus qu'on ne peut contrôler
(cela devrait inquiéter les fanatiques du miroir de
Narcisse). Il y a tellement de niveaux dans l'expression,
ne serait-ce qu'au niveau de la parole proprement dite
– si on contrôle le niveau phonologique, on ne contrôle pas le niveau syntaxique, et ainsi de suite –, que personne, même le plus maître de lui-même, à moins de
jouer un rôle ou de pratiquer la langue de bois, ne peut
tout maîtriser. Le présentateur lui-même intervient par
le langage inconscient, sa manière de poser les questions, son ton : il dira aux uns, sur un ton cassant,
« Veuillez répondre, vous n'avez pas répondu à ma
question » ou « J'attends votre réponse. Est-ce que vous
allez reprendre la grève ? ». Autre exemple très significa-
tif, les différentes manières de dire « merci ». « Merci »
peut signifier « Je vous remercie, je vous suis reconnais-
sant, j'accueille avec gratitude votre parole ». Mais il y a
une manière de dire merci qui revient à congédier :
« Merci » veut dire alors : « Ça va, terminé. Passons au
suivant ». Tout cela se manifeste de manière infinitési-
male, dans des nuances infinitésimales du ton, mais
l'interlocuteur encaisse, il encaisse la sémantique apparente et la sémantique cachée ; il encaisse les deux et il
peut perdre ses moyens.

Le présentateur distribue les temps de parole, il distribue le ton de parole, respectueux ou dédaigneux, attentionné ou impatient. Par exemple, il y a une façon de faire « ouais, ouais, ouais... » qui presse, qui fait sentir à l'interlocuteur l'impatience ou l'indifférence... (Dans les entretiens que nous faisons, nous savons qu'il est très important de renvoyer aux gens des signes d'acquiescement, des signes d'intérêt, sinon ils se découragent et peu à peu la parole tombe : ils attendent de toutes petites choses, des « oui, oui », des hochements de tête, des petits signes d'intelligence comme on dit). Ces signes imperceptibles, le présentateur les manipule, de manière plus inconsciente, le plus souvent, que consciente. Par exemple, le respect des grandeurs culturelles, dans le cas d'un autodidacte un peu frotté de culture, va le porter à admirer les fausses grandeurs, les académiciens, les gens dotés des titres apparents au respect. Autre stratégie du présentateur : il manipule l'urgence ; il se sert du temps, de l'urgence, de l'horloge, pour couper la parole, pour presser, pour interrompre. Et là, il a un autre recours, comme tous les présentateurs, il se fait le porte-parole du public : « Je vous interromps, je ne comprends pas ce que vous voulez dire ». Il ne laisse pas entendre qu'il est idiot, il laisse entendre que le spectateur de base qui par définition est idiot, ne comprendra pas. Et qu'il se fait le porte-parole des « imbéciles » pour interrompre un discours intelligent. En fait, comme j'ai pu le vérifier, les gens dont il s'autorise pour jouer ce rôle de censeur, sont souvent les plus exaspérés par les coupures.

Le résultat, c'est que, tout compte fait, sur une émission de deux heures, le représentant de la CGT a eu exactement cinq minutes, tout compris, tout compté, en additionnant toutes les interventions (or, tout le monde sait que s'il n'y avait pas eu la CGT il n'y aurait pas eu de grève, pas d'émission, etc.). Alors qu'apparemment, et c'est pourquoi l'émission de Cavada était significative, tous les dehors de l'égalité formelle étaient respectés.

Ce qui pose un problème tout à fait important du point de vue de la démocratie : il est évident que tous les locuteurs ne sont pas égaux sur le plateau. Vous avez des professionnels du plateau, des professionnels de la parole et du plateau, et en face d'eux des amateurs (ça peut être des grévistes qui, autour d'un feu de bois, vont...), c'est d'une inégalité extraordinaire. Et pour rétablir un tout petit peu d'égalité, il faudrait que le présentateur soit inégal, c'est-à-dire qu'il assiste les plus démunis relativement, comme nous l'avons fait dans notre travail d'enquête pour *La Misère du monde*. Quand on veut que quelqu'un qui n'est pas un professionnel de la parole parvienne à dire des choses (et souvent il dit alors des choses tout à fait extraordinaires que les gens qui ont la parole à longueur de temps ne sauraient même pas penser), il faut faire un travail d'assistance à la parole. Pour ennoblir ce que je viens de dire, je dirai que c'est la mission socratique dans toute sa splendeur. Il s'agit de se mettre au service de quelqu'un dont la parole est importante, dont on veut savoir ce qu'il a à dire, ce qu'il pense, en l'aidant à en accoucher. Or, ce n'est pas du tout ce que font les présentateurs. Non seulement ils n'aident pas les défavorisés, mais, si l'on peut dire, ils les enfoncent. De trente-six façons, en ne leur donnant pas la parole au bon moment, en leur donnant la parole au moment où ils ne l'attendent plus, en manifestant leur impatience, etc.

Mais, là, on est encore au niveau phénoménal. Il faut en venir au deuxième niveau : la composition du plateau. Elle est déterminante. C'est un travail invisible dont le plateau lui-même est le résultat. Par exemple, il y a tout un travail d'invitation préalable : il y a des gens que l'on ne songe pas à inviter ; des gens qu'on invite et qui refusent. Le plateau est là et le perçu cache le non perçu : on ne voit pas, dans un perçu construit, les conditions sociales de construction. Donc, on ne se dit pas « tiens, il n'y a pas un tel ». Exemple de ce travail de manipulation (un entre mille) : pendant les grèves, il y a eu deux émissions successives du *Cercle de minuit* sur les intellectuels et les grèves. Il y avait deux camps, grosso modo, chez les intellectuels. A la première émission, les intellectuels défavorables à la grève paraissaient à droite – pour aller vite. Dans la deuxième émission (de rattrapage), on a changé la composition du plateau, en ajoutant des gens plus à droite et en faisant disparaître les gens favorables à la grève. Ce qui fait que les gens qui, dans la première émission, étaient à droite paraissaient à gauche. Droite et gauche, c'est relatif, par définition. Donc, dans ce cas, un changement de la composition du plateau donne un changement du sens du message.

La composition du plateau est importante parce qu'elle doit donner l'image d'un équilibre démocratique (la limite, c'est le « Face à face » : « Monsieur, vous avez consommé vos trente secondes... »). On ostente l'égalité et le présentateur se donne comme un arbitre. Sur le plateau de l'émission de Cavada, il y avait deux catégories de gens : il y avait des acteurs engagés, des protagonistes, les grévistes ; et puis il y en avait d'autres, qui étaient aussi des protagonistes, mais qui étaient mis en position d'observateurs. Il y avait des gens qui étaient là pour *s'expliquer* (« pourquoi faites-vous cela, pourquoi embêtez-vous les usagers ?, etc. ») et d'autres qui étaient là pour *expliquer*, pour tenir un méta-discours.

Autre facteur invisible, et pourtant tout à fait déterminant : le dispositif préalablement monté, par des conversations préparatoires avec les participants pressentis, et qui peut conduire à une sorte de scénario, plus ou moins rigide, dans lequel les invités doivent se couler (la préparation, peut, en certains cas, comme dans certains jeux, prendre la forme d'une quasi répétition). Dans ce scénario prévu à l'avance, il n'y a pratiquement pas de place pour l'improvisation, pour la parole libre, débridée, trop risquée, voire dangereuse pour le présentateur, et pour son émission.

Autre propriété invisible de cet espace, c'est la logique même du jeu de langage, comme dit le philosophe. Il y a des règles tacites de ce jeu qui va se jouer, chacun des univers sociaux où circule du discours ayant une structure telle que certaines choses peuvent se dire et d'autres non. Premier présupposé implicite de ce jeu de langage : le débat démocratique pensé selon le modèle du catch ; il faut qu'il y ait des affrontements, le bon, la brute... Et, en même temps, tous les coups ne sont pas permis. Il faut que les coups se coulent dans la logique du langage formel, savant. Autres propriétés de l'espace : la complicité entre professionnels que j'ai évoquée tout à l'heure. Ceux que j'appelle les *fast-thinkers*, les spécialistes de la pensée jetable, les professionnels les appellent « les bons clients ». Ce sont des gens qu'on peut inviter, on sait qu'ils seront de bonne composition, qu'ils ne vont pas vous créer des difficultés, faire des histoires, et puis ils parlent d'abondance, sans problèmes. On a un univers de bons clients qui sont comme des poissons dans l'eau et puis d'autres qui sont des poissons hors de l'eau. Et puis, dernière chose invisible, c'est l'inconscient des présentateurs. Il m'est arrivé très souvent, même en face de journalistes très bien disposés à mon égard, d'être obligé de commencer toutes mes réponses par une mise en question de la question. Les journalistes, avec leurs lunettes, leurs catégories de pensée, posent des questions qui n'ont rien à voir avec rien. Par exemple, sur les problèmes dits des banlieues, ils ont dans la tête tous les fantasmes que j'ai évoqués tout à l'heure, et, avant de commencer à répondre, il faut dire poliment « votre question est sans doute intéressante, mais il me semble qu'il y en a une autre, plus importante... ». Quand on n'est pas un tout petit peu préparé, on répond à des questions qui ne se posent pas.

CONTRADICTIONS ET TENSIONS

La télévision est un instrument de communication très peu autonome sur lequel pèsent toute une série de contraintes qui tiennent aux relations sociales entre les journalistes, *relations de concurrence* acharnée, impitoyable, jusqu'à l'absurde, qui sont aussi des *relations de connivence*, de complicité objective, fondées sur les intérêts communs liés à leur position dans le champ de production symbolique et sur le fait qu'ils ont en commun des structures cognitives, des catégories de perception et d'appréciation liées à leur origine sociale, à leur formation (ou à leur non-formation). Il s'ensuit que cet instrument de communication apparemment débridé, qu'est la télévision, est bridé. Lorsque, dans les années 60, la télévision est apparue comme un phénomène nouveau, un certain nombre de « sociologues » (avec beaucoup de guillemets) se sont précipités pour dire que la télévision, en tant que « moyen de commu-

nication de masse », allait « massifier ». La télévision
était censée niveler, homogénéiser peu à peu tous les
téléspectateurs. En fait, c'était sous-estimer les capacités de résistance. Mais surtout c'était sous-estimer la
capacité que la télévision a eu de transformer ceux qui
la produisent et, plus généralement, les autres journalistes et l'ensemble des producteurs culturels (à travers
la fascination irrésistible qu'elle a exercée sur certains
d'entre eux). Le phénomène le plus important, et qui
était assez difficile à prévoir, c'est l'extension extraordinaire de l'emprise de la télévision sur l'ensemble des
activités de production culturelle, y compris les activités de production scientifique ou artistique. Aujour-
d'hui la télévision a porté à l'extrême, à sa limite,
une contradiction qui hante tous les univers de production culturelle. Je veux parler de la contradiction entre
les conditions économiques et sociales dans lesquelles il
faut être placé pour pouvoir produire un certain type
d'oeuvres (j'ai cité l'exemple des mathématiques parce
qu'il est le plus évident, mais c'est vrai aussi de la poésie
d'avant-garde, de la philosophie, de la sociologie, etc.),
des oeuvres qu'on appelle « pures » (c'est un mot ridi-
cule), disons, autonomes par rapport aux contraintes
commerciales, etc., et d'autre part, les conditions
sociales de transmission des produits obtenus dans ces
conditions ; contradiction entre les conditions dans lesquelles il faut être pour pouvoir faire des mathématiques d'avant-garde, de la poésie d'avant-garde, etc., et
les conditions dans lesquelles il faut être pour pouvoir
transmettre ces choses à tout le monde. La télévision
porte à l'extrême cette contradiction dans la mesure où
elle subit plus que tous les autres univers de production
culturelle, la pression du commerce, par l'intermédiaire
de l'audimat.

Du même coup, dans ce microcosme qu'est le monde du journalisme, les tensions sont très fortes entre ceux qui voudraient défendre les valeurs de l'autonomie, de la liberté à l'égard du commerce, de la commande, des chefs, etc. et ceux qui se soumettent à la nécessité, et qui sont payés de retour... Ces tensions ne peuvent guère s'exprimer, au moins sur les écrans, parce que les conditions ne sont pas très favorables : je pense par exemple à l'opposition entre les grandes vedettes à grandes fortunes, particulièrement visibles et particulièrement récompensées, mais aussi particulièrement soumises, et les tâcherons invisibles de l'information, des reportages, qui sont de plus en plus critiques car, de mieux en mieux formés du fait de la logique du marché de l'emploi, ils sont employés à des choses de plus en plus pédestres, de plus en plus insignifiantes. Vous avez, derrière les micros, les caméras, des gens incomparablement plus cultivés que leurs équivalents des années 60 ; autrement dit, cette tension entre ce qui est demandé par la profession et les aspirations que les gens acquièrent dans les écoles de journalisme ou dans les facs, est de plus en plus grande – quoiqu'il y ait aussi une adaptation anticipée, qu'opèrent les gens aux dents longues... Un journaliste disait récemment que la crise de la quarantaine (à 40 ans, on découvrait que le métier n'est pas du tout ce qu'on croyait), devient une crise de la trentaine. Les gens découvrent de plus en plus tôt les nécessités terribles du métier et en particulier toutes les contraintes associées à l'audimat, etc. Le journalisme est un des métiers où l'on trouve le plus de gens inquiets, insatisfaits, révoltés ou cyniquement résignés, où s'exprime très communément (surtout du côté des dominés, évidemment) la colère, l'écoeurement ou le découragement devant la réalité d'un travail

que l'on continue à vivre ou à revendiquer comme
« pas comme les autres ». Mais on est loin d'une situation où ces dépits ou ces rejets pourraient prendre la
forme d'une véritable résistance, individuelle et surtout
collective.

Pour comprendre tout ce que j'ai évoqué et dont on
aura pu croire, malgré tous mes efforts, que je l'impu-
tais aux responsabilités individuelles des présentateurs,
des communicateurs, il faut passer au niveau des
mécanismes globaux, au niveau des structures. Platon
(je le cite beaucoup aujourd'hui) disait que nous
sommes des marionnettes de la divinité. La télévision
est un univers où on a l'impression que les agents
sociaux, tout en ayant les apparences de l'importance,
de la liberté, de l'autonomie, et même parfois une aura
extraordinaire (il suffit de lire les journaux de télévision), sont des marionnettes d'une nécessité qu'il faut
décrire, d'une structure qu'il faut dégager et porter au
jour.

2

La structure invisible et ses effets

Pour aller au delà d'une description, si minutieuse soit-elle, de ce qui se passe sur un plateau de télévision et essayer de saisir les mécanismes explicatifs des pratiques des journalistes, il faut faire intervenir une notion, un peu technique, mais que je suis obligé d'invoquer, la notion de champ journalistique. Le monde du journalisme est un microcosme qui a ses lois propres et qui est défini par sa position dans le monde global, et par les attractions, les répulsions qu'il subit de la part des autres microcosmes. Dire qu'il est autonome, qu'il a sa propre loi, c'est dire que ce qui s'y passe ne peut pas être compris de manière directe à partir de facteurs extérieurs. C'était là le présupposé de l'objection que je faisais à l'explication par des facteurs économiques de ce qui se passe dans le journalisme. Par exemple, on ne peut pas expliquer ce qui se fait à TF1 par le seul fait que cette chaîne est possédée par Bouygues. Il est évident qu'une explication qui ne prendrait pas en compte ce fait serait insuffisante mais celle qui ne prendrait en compte que cela ne serait pas moins insuffisante. Et elle le serait peut-être encore plus parce qu'elle aurait l'air d'être suffisante. Il y a une forme de matérialisme court, associé à la tradition marxiste, qui n'explique rien, qui dénonce sans rien éclairer.

PARTS DE MARCHÉ ET CONCURRENCE

Pour comprendre ce qui se passe à TF1, il faut prendre en compte tout ce que TF1 doit au fait qu'il est situé dans un univers de relations objectives entre les différentes chaînes de télévision qui sont en concurrence, mais une concurrence définie dans sa forme, de façon invisible, par des rapports de force non perçus qui peuvent être saisis, à travers des indicateurs tels que les parts de marché, le poids auprès des annonceurs, le capital collectif de journalistes prestigieux, etc. Autrement dit, il y a entre ces chaînes, non seulement des interactions, des gens qui se parlent ou pas, des gens qui s'influencent, qui se lisent, tout ce que j'ai raconté jusque là, mais aussi des rapports de force complètement invisibles qui font que, pour comprendre ce qui va se passer à TF1 ou à Arte, il faut prendre en compte l'ensemble des rapports de force objectifs qui constituent la structure du champ. Dans le champ des entreprises économiques, par exemple, une entreprise très puissante a le pouvoir de déformer l'espace économique presque en totalité ; elle peut, en baissant les prix, interdire l'entrée de nouvelles entreprises, elle peut instaurer une sorte de barrière à l'entrée. Ces effets ne sont pas nécessairement le produit de volontés. TF1 a changé le paysage audiovisuel par le simple fait qu'elle a accumulé un ensemble de pouvoirs spécifiques qui s'exercent sur cet univers et qui se retraduisent effectivement par des parts de marché. Cette structure n'est perçue ni par les téléspectateurs, ni par les journalistes ; ils en perçoivent les effets, mais ils ne voient pas à quel point le poids relatif de l'institution dans laquelle ils se trouvent pèse sur eux, ainsi que leur place et leur poids dans cette institution. Pour essayer de comprendre ce que peut faire un journaliste, il faut avoir à l'esprit une série de paramètres : d'une part la position de l'organe de presse dans lequel il se trouve, TF1 ou *Le Monde*, dans le champ journalistique, deuxièmement sa position propre dans l'espace de son journal ou de sa chaîne.

Un champ est un espace social structuré, un champ de forces – il y a des dominants et des dominés, il y a des rapports constants, permanents, d'inégalité qui s'exercent à l'intérieur de cet espace – qui est aussi un champ de luttes pour transformer ou conserver ce champ de forces. Chacun, à l'intérieur de cet univers, engage dans sa concurrence avec les autres la force (relative) qu'il détient et qui définit sa position dans le champ et, en conséquence, ses stratégies. La concurrence économique entre les chaînes ou les journaux pour les lecteurs et les auditeurs ou, comme on dit, pour les parts de marché s'accomplit concrètement sous la forme d'une concurrence entre les journalistes, concurrence qui a ses enjeux propres, spécifiques, le *scoop*, l'information exclusive, la réputation dans le métier, etc. et qui ne se vit ni ne se pense comme une lutte purement économique pour des gains financiers, tout en restant soumise aux contraintes liées à la position de l'organe de presse considéré dans les rapports de force économiques et symboliques. Il y a aujourd'hui des relations objectives invisibles entre des gens qui peuvent ne jamais se rencontrer, entre *Le Monde Diplomatique*, pour prendre un extrême, et TF1, mais qui sont amenés à prendre en compte dans ce qu'ils font, consciemment ou inconsciemment, des contraintes et des effets qui s'exercent sur eux du fait de leur appartenance à un même univers. Autrement dit, si je veux savoir aujourd'hui ce que va dire ou écrire tel journaliste, ce qu'il trouvera évident ou impensable, naturel ou indigne de lui, il faut que je sache la position qu'il occupe dans cet espace, c'est-à-dire le pouvoir spécifique que détient son organe de presse et qui se mesure, entre autres indices, à son poids économique, aux parts de marché, mais aussi à son poids symbolique, plus difficile à quantifier. (En fait, pour être complet, il faudrait prendre en compte la position du champ médiatique national dans le champ mondial et, par exemple, la domination économico-technique, et surtout symbolique de la télévision américaine qui est un modèle et une source d'idées, de formules, de procédés, pour beaucoup de journalistes).

Pour comprendre mieux cette structure dans sa forme actuelle, il est bon de refaire l'histoire du processus selon laquelle elle s'est constituée. Dans les années 50, la télévision était à peine présente dans le champ journalistique ; lorsqu'on parlait de journalisme, on pensait à peine à la télévision. Les gens de télévision étaient doublement dominés : du fait notamment qu'on les suspectait d'être dépendants à l'égard des pouvoirs politiques, ils étaient dominés du point de vue culturel, symbolique, du point de vue du prestige, et ils étaient aussi dominés économiquement dans la mesure où ils étaient dépendants des subventions de l'État et donc beaucoup moins efficients, puissants. Avec les années (le processus serait à décrire en détail), la relation s'est complètement renversée et la télévision tend à devenir dominante économiquement et symboliquement dans le champ journalistique. Cela se marque notamment par la crise des journaux : il y a des journaux qui disparaissent, d'autres qui sont obligés de se poser à chaque instant la question de leur survie, de la conquête ou de la reconquête de leur audience, les plus menacés étant, au moins en France, ceux qui offraient surtout des faits divers et du sport et qui n'ont pas grand chose à opposer à une télévision de plus en plus orientée vers ces objets à mesure qu'elle échappe à la domination du journalisme sérieux (qui met, ou mettait, au premier plan, en première page, les nouvelles de politique étrangère, la politique, voire l'analyse politique, réduisant les faits divers et le sport à la portion congrue.)

Ce que je fais là est une description à la hussarde ; il faudrait entrer dans les détails, faire (malheureusement elle n'existe pas) une histoire sociale de l'évolution des rapports entre les différents organes de presse (et non d'un seul organe de presse). C'est au niveau de l'histoire structurale de l'ensemble de l'univers que les choses les plus importantes apparaissent. Ce qui compte dans un champ, ce sont les poids relatifs : un journal peut rester absolument identique, ne pas perdre un lecteur, ne changer en rien et être néanmoins profondément transformé parce que son poids, et sa position relative dans l'espace se trouvent transformés. Par exemple, un journal cesse d'être dominant lorsque son pouvoir de déformer l'espace autour de lui diminue et qu'il ne fait plus la loi. On peut dire que dans l'univers du journalisme écrit, *Le Monde* faisait la loi. Il y avait déjà un champ, avec l'opposition, que font tous les historiens du journalisme, entre les journaux qui donnent des *news*, des nouvelles, des faits divers, et les journaux qui donnent des *views*, des points de vue, des analyses, etc. ; entre les journaux à grand tirage, comme *France Soir*, et les journaux à tirage relativement plus restreint mais dotés d'une autorité semi-officielle. *Le Monde* était bien placé sous les deux rapports : il était suffisamment grand par son tirage pour être un pouvoir du point de vue des

annonceurs et suffisamment doté en capital symbolique pour être une autorité. Il cumulait les deux facteurs du pouvoir dans ce champ.

Les journaux de réflexion sont apparus à la fin du
XIXᵉ siècle, en réaction contre les journaux à grand
tirage, à grand public, à sensation, qui ont toujours
suscité la peur ou le dégoût chez les lecteurs cultivés.
L'émergence du medium de masse par excellence
qu'est la télévision n'est pas un phénomène sans précédent, sinon par son ampleur. J'ouvre ici une parenthèse : un des grands problèmes des sociologues, c'est
d'éviter de tomber dans l'une ou l'autre des deux illusions symétriques, l'illusion du « jamais vu » (il y a des
sociologues qui adorent ça, ça fait très chic, surtout à
la télévision, d'annoncer des phénomènes inouïs, des
révolutions) et celle du « toujours ainsi » (qui est plutôt le fait des sociologues conservateurs : « rien de
nouveau sous le soleil, il y aura toujours des dominants et des dominés, des riches et des pauvres... »). Le
risque est toujours très grand, d'autant plus grand que
la comparaison entre les époques est extrêmement difficile : on ne peut comparer que de structure à structure, et on risque toujours de se tromper et de décrire
comme quelque chose d'inouï quelque chose de banal,
simplement par inculture. C'est une des raisons qui
font que les journalistes sont parfois dangereux :
n'étant pas toujours très cultivés, ils s'étonnent de
choses pas très étonnantes et ne s'étonnent pas de
choses renversantes... L'histoire est indispensable pour
nous, sociologues ; malheureusement dans beaucoup
de domaines, notamment dans le domaine de l'histoire de l'époque récente, les travaux sont encore insuffi-
sants, surtout lorsqu'il s'agit de phénomènes nouveaux, comme le journalisme.

UNE FORCE DE BANALISATION

Pour revenir au problème des effets de l'émergence de
la télévision, il est vrai que l'opposition a existé, mais
jamais avec cette intensité (je fais un compromis entre
« jamais vu » et « toujours ainsi »). Par sa puissance de
diffusion, la télévision pose à l'univers du journalisme
écrit et à l'univers culturel en général un problème
absolument terrible. A côté, la presse de masse qui faisait frémir (Raymond Williams a avancé l'hypothèse
que toute la révolution romantique en poésie a été suscitée par l'horreur qu'a inspirée aux écrivains anglais
l'apparition de la presse de masse), paraît peu de chose. Par son ampleur, son poids tout à fait extraordinaire, la télévision produit des effets qui, bien qu'ils ne
soient pas sans précédent, sont tout à fait inédits.

Par exemple, la télévision peut rassembler en un soir
devant le journal de vingt heures plus de gens que tous
les quotidiens français du matin et du soir réunis. Si
l'information fournie par un tel medium devient une
information omnibus sans aspérité, homogénéisée, on
voit les effets politiques et culturels qui peuvent en
résulter. C'est une loi qu'on connaît très bien : plus un
organe de presse ou un moyen d'expression quelconque veut atteindre un public étendu, plus il doit
perdre ses aspérités, tout ce qui peut diviser, exclure –
pensez à *Paris-Match* –, plus il doit s'attacher à ne
« choquer personne », comme on dit, à ne jamais soulever de problèmes ou seulement des problèmes sans
histoire. Dans la vie quotidienne, on parle beaucoup
de la pluie et du beau temps, parce que c'est le problème sur lequel on est sûr de ne pas se heurter – sauf si
vous discutez avec un paysan qui a besoin de pluie
alors que vous êtes en vacances, c'est le sujet soft par
excellence. Plus un journal étend sa diffusion, plus il

va vers les sujets omnibus qui ne soulèvent pas de problèmes. On construit l'objet conformément aux catégories de perception du récepteur.

C'est ce qui fait que tout le travail collectif qui tend à homogénéiser et à banaliser, à « conformiser » et à « dépolitiser », etc. que j'ai décrit, convient parfaitement, bien que personne, à proprement parler, n'en soit le sujet, bien qu'il ne soit jamais pensé et voulu comme tel par qui que ce soit. C'est quelque chose qu'on observe souvent dans le monde social : on voit advenir des choses que personne ne veut et qui peuvent sembler avoir été voulues (« c'est fait pour »). C'est là que la critique simpliste est dangereuse : elle dispense de tout le travail qu'il faut faire pour comprendre des phénomènes comme le fait que, sans que personne ne l'ait voulu vraiment, sans que les gens qui financent aient eu tellement à intervenir, on a ce produit très étrange qu'est le « journal télévisé », qui convient à tout le monde, qui confirme des choses déjà connues, et surtout qui laisse intactes les structures mentales. Il y a des révolutions qui touchent aux bases matérielles d'une société, celles qu'on évoque d'ordinaire – on nationalise les biens du clergé – et des révolutions symboliques, celles qu'opèrent les artistes, les savants ou les grands prophètes religieux ou parfois, plus rarement, les grands prophètes politiques, qui touchent aux structures mentales, c'est-à-dire qui changent nos manières de voir et de penser. C'est le cas, dans le domaine de la peinture, de Manet qui a bouleversé une opposition fondamentale, une structure sur laquelle reposait tout l'enseignement académique, l'opposition entre le contemporain et l'ancien. Si un instrument aussi puissant que la télévision s'orientait tant soit peu vers une révolution symbolique de cette sorte, je vous

assure qu'on s'empresserait de l'arrêter... Or il se trouve
que sans que personne n'ait besoin de le lui demander,
par la seule logique de la concurrence, et des mécanismes que j'évoque, la télévision ne fait rien de tel.
Elle est parfaitement ajustée aux structures mentales du
public. Je pourrais évoquer le moralisme de la télévision, le côté *téléthon* qu'il faudrait analyser dans cette
logique. « Avec des bons sentiments, disait Gide, on
fait de la mauvaise littérature », mais, avec des bons
sentiments, on « fait de l'audimat ». Il y aurait à réfléchir sur le moralisme des gens de télévision : souvent
cyniques, ils tiennent des propos d'un conformisme
moral absolument prodigieux. Nos présentateurs de
journaux télévisés, nos animateurs de débats, nos com-
mentateurs sportifs sont devenus des petits directeurs
de conscience qui se font, sans trop avoir à se forcer, les
porte-parole d'une morale typiquement petite bour-
geoise, qui disent « ce qu'il faut penser » de ce qu'ils
appellent « les problèmes de société », les agressions
dans les banlieues ou la violence à l'école. La même
chose est vraie dans le domaine de l'art et de la littérature : les émissions dites littéraires les plus connues servent – et de manière de plus en plus servile – les valeurs
établies, le conformisme et l'académisme, ou les valeurs
du marché.

Les journalistes – il faudrait dire le champ journalistique – doivent leur importance dans le monde social
au fait qu'ils détiennent un monopole de fait sur les
instruments de production et de diffusion à grande
échelle de l'information, et, à travers ces instruments,
sur l'accès des simples citoyens mais aussi des autres
producteurs culturels, savants, artistes, écrivains, à ce
que l'on appelle parfois « l'espace public », c'est-à-dire
à la grande diffusion. (C'est à ce monopole que l'on se

heurte lorsque, en tant qu'individu ou en tant que membre d'une association, d'un groupement quelconque, on veut diffuser largement une information). Bien qu'ils occupent une position inférieure, dominée, dans les champs de production culturelle, ils exercent une forme tout à fait rare de domination : ils ont le pouvoir sur les moyens de s'exprimer publiquement, d'exister publiquement, d'être connu, d'accéder à la *notoriété publique* (ce qui, pour les hommes politiques et pour certains intellectuels, est un enjeu capital). Ce qui leur vaut d'être entourés (au moins les plus puissants d'entre eux), d'une considération souvent disproportionnée avec leurs mérites intellectuels... Et ils peuvent détourner une part de ce pouvoir de consécration à leur profit (le fait que les journalistes sont, même les plus reconnus, en position d'infériorité structurale par rapport à des catégories qu'ils peuvent dominer occasionnellement, comme les intellectuels – parmi lesquels ils brûlent de se ranger – et les hommes politiques, contribue sans doute à expliquer leur tendance constante à l'anti-intellectualisme).

Mais surtout, étant en mesure d'accéder en permanence à la visibilité publique, à l'expression à grande échelle, tout à fait impensable, au moins jusqu'à l'apparition de la télévision, pour un producteur culturel, même très célèbre, ils peuvent imposer à l'ensemble de la société leurs principes de vision du monde, leur problématique, leur point de vue. On objectera que le monde journalistique est divisé, différencié, diversifié, donc propre à représenter toutes les opinions, tous les points de vue ou à leur offrir l'occasion de s'exprimer (et il est vrai que pour traverser l'écran journalistique, on peut jouer, jusqu'à un certain point, et à condition d'avoir un minimum de poids symbolique, de la

concurrence entre les journalistes et les journaux).
Mais il reste que le champ journalistique, comme les
autres champs, repose sur un ensemble de présupposés
et de croyances partagés (par delà les différences de
position et d'opinion). Ces présupposés, ceux qui sont
inscrits dans un certain système de catégories de pensée, dans un certain rapport au langage, dans tout ce
qu'implique par exemple une notion comme « passe-
bien-à-la-télévision », sont au principe de la sélection
que les journalistes opèrent dans la réalité sociale, et
aussi dans l'ensemble des productions symboliques. Il
n'est pas de discours (analyse scientifique, manifeste
politique, etc.) ni d'action (manifestation, grève, etc.)
qui, pour accéder au débat public, ne doive se soumettre à cette épreuve de la sélection journalistique,
c'est-à-dire à cette formidable *censure* que les journalistes exercent, sans même le savoir, en ne retenant que
ce qui est capable de les *intéresser*, de « retenir leur
attention », c'est-à-dire d'entrer dans leurs catégories,
dans leur grille, et en rejetant dans l'insignifiance ou
l'indifférence des expressions symboliques qui mérite-
raient d'atteindre l'ensemble des citoyens.

Autre conséquence, plus difficile à saisir, de la crois-
sance du poids relatif de la télévision dans l'espace des
moyens de diffusion, et du poids de la contrainte commerciale sur cette télévision devenue dominante, le
passage d'une politique d'action culturelle par la télévision, à une sorte de démagogie spontanéiste (qui s'affir-
me surtout évidemment à la télévision mais qui gagne
aussi les journaux dits sérieux : ceux-ci font une place
de plus en plus grande à cette sorte de courrier des lecteurs que sont les tribunes libres, les libres opinions).
La télévision des années 50 se voulait culturelle et se
servait en quelque sorte de son monopole pour impo-

ser à tous des produits à prétention culturelle (documentaires, adaptations d'oeuvres classiques, débats culturels, etc.) et former les goûts du grand public ; la télévision des années 90 vise à exploiter et à flatter ces goûts pour toucher l'audience la plus large en offrant aux téléspectateurs des produits bruts, dont le paradigme est le *talk-show*, tranches de vie, exhibitions sans voiles d'expériences vécues, souvent extrêmes et propres à satisfaire une forme de voyeurisme et d'exhibitionnisme (comme d'ailleurs les jeux télévisés auxquels on brûle de participer, même en simple spectateur, pour accéder à un instant de visibilité). Cela dit, je ne partage pas la nostalgie de certains pour la télévision pédagogico-paternaliste du passé et je pense qu'elle ne s'oppose pas moins que le spontanéisme populiste et la soumission démagogique aux goûts populaires, à un usage réellement démocratique des moyens de diffusion à grande échelle.

DES LUTTES ARBITRÉES PAR L'AUDIMAT

Il faut donc aller au-delà des apparences, au-delà de ce qui se voit sur les plateaux et même de la concurrence qui s'exerce à l'intérieur du champ journalistique pour aller jusqu'au rapport de force entre les différents organes dans la mesure où ce rapport commande même la forme que prennent les interactions. Pour comprendre pourquoi on a aujourd'hui tel ou tel débat régulier entre tel ou tel journaliste, il faut faire intervenir la position des organes de presse dont ces gens sont les représentants dans l'espace journalistique et leur position dans ces organes. De même, pour comprendre ce que peut écrire un éditorialiste du *Monde* et ce qu'il ne peut pas écrire, il faut aussi avoir toujours en tête ces deux facteurs. Ces contraintes de position seront vécues comme des interdits ou des injonctions éthiques : « c'est incompatible avec la tradition du *Monde* », ou « c'est contraire à l'esprit du *Monde* », « ici on ne peut pas faire ça », etc. Toutes ces expériences qui sont énoncées sous forme de préceptes éthiques sont la retraduction de la structure du champ à travers une personne occupant une certaine position dans cet espace.

Dans un champ, les différents protagonistes ont souvent des représentations polémiques des autres agents avec lesquels ils sont en concurrence : ils produisent à leur propos des stéréotypes, des insultes (dans l'espace sportif, chacun des sports produit des images stéréotypées des autres sports, les rugbymen parlent des footballeurs en disant « les manchots »). Ces représentations sont souvent des stratégies de lutte prenant acte du rapport de force et visant à le transformer ou à le conserver. Actuellement, chez les journalistes de presse écrite, et en particulier chez ceux qui occupent une position dominée à l'intérieur de cette presse, qui sont dans des petits journaux et dans des petites positions, on voit se développer un discours très critique à l'égard de la télévision.

En fait, ces représentations sont des prises de position où s'exprime essentiellement la position de celui qui les exprime, sous des formes plus ou moins déniées. Mais en même temps, ce sont des stratégies visant à transformer la position. Aujourd'hui, dans le milieu journalistique, la lutte autour de la télévision est centrale ; ce qui fait qu'il est très difficile d'étudier cet objet. Une part du discours à prétention savante sur la télévision n'est que l'enregistrement de ce que les gens de télévision disent à propos de la télévision. (Les journalistes diront d'autant plus volontiers d'un sociologue qu'il est bon que ce qu'il dit est plus près de ce qu'ils pensent. Ce qui fait qu'on ne peut pas espérer — et d'ailleurs, c'est bien qu'il en soit ainsi — être populaire auprès des gens de télévision lorsqu'on essaie de dire la vérité sur la télévision). Cela dit, on a des indices du recul progressif du journalisme de presse écrite par rapport à la télévision : le fait que la place du supplément télévision ne cesse d'augmenter dans tous les journaux, le fait que les journalistes accordent le plus grand prix au fait d'être repris par la télévision (et aussi, évidemment, d'être vus à la télévision, ce qui contribue à leur donner du prix dans leur journal : un journaliste qui veut avoir du poids doit avoir une émission à la télévision ; il arrive même que des journalistes de télévision obtiennent des positions très importantes dans des journaux écrits, mettant ainsi en question la spécificité même de l'écriture, du métier : si une présentatrice de télévision peut devenir du jour au lendemain directrice d'un journal, on est obligé de se demander en quoi consiste la compétence spécifique du journaliste) ; le fait aussi que ce que les Américains appellent l'*agenda* (ce dont il faut parler, le sujet des éditoriaux, les problèmes importants) est de plus en plus défini par la télévision (dans la circulation circulaire de l'information que j'ai décrite, le poids de la télévision est déterminant et s'il arrive qu'un thème — une affaire, un débat — soit lancé par les journalistes de la presse écrite, il ne devient déterminant, central, que lorsqu'il est repris, orchestré, par la télévision, et investi, du même coup, d'une efficacité politique). La position des journalistes de la presse écrite s'en trouve menacée et du même coup la spécificité de la profession est mise en question. Tout ce que je dis là serait à préciser et à vérifier : c'est à la fois un bilan fondé sur un certain nombre de recherches et un programme. Ce sont des choses très compliquées où on ne peut faire avancer réellement la connaissance que par un travail empirique très important (ce qui n'empêche pas certains détenteurs auto-désignés d'une science qui n'existe pas, la « médiologie », de proposer, avant même toute enquête, leurs conclusions péremptoires sur l'état du monde médiatique).

Mais le plus important, c'est que, à travers l'accroissement du poids symbolique de la télévision et, parmi les télévisions concurrentes, de celles qui sacrifient avec le plus de cynisme et de succès à la recherche du sensationnel, du spectaculaire, de l'extraordinaire, c'est une certaine vision de l'information, jusque là reléguée dans les journaux dits à sensation, voués aux sports et aux faits divers, qui tend à s'imposer à l'ensemble du champ journalistique. Et c'est, du même coup, une certaine catégorie de journalistes, recrutés à grands frais pour leur aptitude à se plier sans scrupules aux attentes du public le moins exigeant, donc les plus cyniques, les plus indifférents à toute forme de déontologie et, a fortiori, à toute interrogation politique, qui tend à imposer ses « valeurs », ses préférences, ses manières d'être et de parler, son « idéal humain », à l'ensemble des journalistes. Poussées par la concurrence pour les parts de marché, les télévisions recourent de plus en plus aux vieilles ficelles des journaux à sensation, donnant la première place, quand ce n'est pas toute la place, aux faits divers ou aux nouvelles sportives : il est de plus en plus fréquent que, quoi qui ait pu se passer dans le monde, l'ouverture du journal télévisé soit donnée aux résultats du championnat de France de football ou à tel ou tel autre événement sportif, programmé pour faire irruption dans le journal de vingt heures, ou à l'aspect le plus anecdotique et le plus ritualisé de la vie politique (visite de chefs d'État étrangers, ou visites du chef de l'État à l'étranger, etc.) sans parler des catastrophes naturelles, des accidents, des incendies, bref de tout ce qui peut susciter un intérêt de simple curiosité, et qui ne demande aucune compétence spécifique préalable, politique notamment. Les faits divers, je l'ai dit, ont pour effet de faire le vide politique, de dépolitiser et de réduire la vie du monde à l'anecdote et au ragot (qui peut être national ou planétaire, avec la vie des stars ou des familles royales), en fixant et en retenant l'attention sur des événements sans conséquences politiques, que l'on dramatise pour en « tirer les leçons » ou pour les transformer en « problèmes de société » : c'est là, bien souvent, que les philosophes de télévision sont appelés à la rescousse, pour redonner sens à l'insignifiant, à l'anecdotique et à l'accidentel, que l'on a artificiellement porté sur le devant de la scène et constitué en événement, port d'un fichu à l'école, agression d'un professeur ou tout autre « fait de société » bien fait pour susciter des indignations pathétiques à la Finkielkraut ou des considérations moralisantes à la Comte-Sponville. Et la même recherche du sensationnel, donc de la réussite commerciale, peut aussi conduire à sélectionner des faits divers qui, abandonnés aux constructions sauvages de la démagogie (spontanée ou calculée), peuvent susciter un immense intérêt en flattant les pulsions et les passions les plus élémentaires (avec des affaires comme les rapts d'enfants et les scandales propres à susciter l'indignation populaire), voire des formes de mobilisation purement sentimentales et caritatives ou, tout aussi passionnelles,

mais agressives et proches du lynchage symbolique,
avec les assassinats d'enfants ou les incidents associés à
des groupes stigmatisés.

Il s'ensuit qu'aujourd'hui les journalistes de la presse
écrite sont devant un choix : est-ce qu'il faut aller dans
le sens du modèle dominant, c'est-à-dire faire des journaux qui soient des quasi-journaux de télévision, ou
est-ce qu'il faut accentuer la différence, faire une stratégie de différenciation de produit ? Faut-il entrer dans la
concurrence, au risque de perdre sur les deux tableaux,
de perdre le public associé à la définition stricte du
message culturel, ou accentuer la différence ? Le problème se pose aussi à l'intérieur du champ télévisuel
lui-même, sous-champ qui est englobé dans le champ
journalistique. Dans l'état actuel de mes observations,
je pense que, inconsciemment, les responsables, victimes de la « mentalité audimat », ne choisissent pas
vraiment. (On observe ainsi, très régulièrement, que les
grands choix sociaux ne sont faits par personne. Si le
sociologue dérange toujours un peu, c'est qu'il oblige à
rendre conscientes des choses qu'on préfère laisser
inconscientes). Je pense que la tendance générale porte
les organes de production culturelle à l'ancienne à
perdre leur spécificité pour aller sur un terrain où ils
seront battus de toute façon. Ainsi la chaîne culturelle,
La Sept devenue Arte, est passée, très rapidement,
d'une politique d'ésotérisme intransigeant, voire agres-
sif, à un compromis plus ou moins honteux avec les
exigences de l'audimat qui conduit à cumuler les compromissions avec la facilité en *prime time* et l'ésotérisme
aux heures avancées de la nuit. *Le Monde* est devant un
choix du même type. Je ne vais pas entrer dans le détail
de l'analyse ; j'en ai dit assez, je crois, pour montrer
comment on peut passer de l'analyse des structures

invisibles – qui sont un peu, comme la force de gravitation, des choses que personne ne voit mais qu'il faut supposer pour comprendre ce qui se passe –, aux expériences individuelles, comment des rapports de force invisibles vont se retraduire dans des conflits personnels, des choix existentiels.

Le champ du journalisme a une particularité : il est beaucoup plus dépendant des forces externes que tous les autres champs de production culturelle, champ des mathématiques, champ de la littérature, champ juridique, champ scientifique, etc. Il dépend très directement de la demande, il est soumis à la sanction du marché, du plébiscite, peut-être plus encore que le champ politique. L'alternative du « pur » ou du « commercial » qui s'observe dans tous les champs (par exemple, pour le théâtre, c'est l'opposition entre le théâtre de boulevard et le théâtre d'avant-garde, opposition équivalente à l'opposition entre TF1 et *Le Monde*, avec les mêmes oppositions entre un public plus cultivé d'un côté, moins de l'autre, comptant plus d'étudiants d'un côté, plus de commerçants de l'autre) s'y impose avec une brutalité particulière et le poids du pôle commercial y est particulièrement fort : sans précédent en intensité, il est aussi sans égal si on le compare synchroniquement, dans le présent, à ce qu'il est dans les autres champs. Mais en outre, on ne trouve pas, dans l'univers journalistique, l'équivalent de ce qui s'observe dans l'univers scientifique, par exemple, cette sorte de justice immanente qui fait que celui qui transgresse certains interdits se brûle ou, au contraire, que celui qui se conforme aux règles du jeu s'attire l'estime de ses pairs (manifestée par exemple sous forme de références, de citations). Dans le journalisme, où sont les sanctions, positives ou négatives ? Le seul embryon de critique, ce sont les émissions satiriques, comme les Guignols. Quant aux récompenses, il n'y a guère que les « reprises » (le fait d'être repris par un autre journaliste), mais c'est un indice rare, peu visible et ambigu.

L'EMPRISE DE LA TÉLÉVISION

L'univers du journalisme est un champ mais qui est sous la contrainte du champ économique par l'intermédiaire de l'audimat. Et ce champ très hétéronome, très fortement soumis aux contraintes commerciales, exerce lui-même une contrainte sur tous les autres champs, en tant que structure. Cet effet structural, objectif, anonyme, invisible, n'a rien à voir avec ce qui se voit directement, avec ce que l'on dénonce ordinairement, c'est-à-dire l'intervention d'un tel ou d'un tel... On ne peut pas, on ne doit pas se contenter de dénoncer des responsables. Par exemple Karl Kraus, le grand satiriste viennois, attaquait très violemment l'équivalent de ce que serait aujourd'hui le directeur du *Nouvel Observateur* : il passait son temps à dénoncer son conformisme culturel destructeur de la culture, sa complaisance pour des écrivains mineurs ou minables, le discrédit qu'il jetait sur les idées pacifistes en les professant hypocritement... Et de même, de manière très générale, les critiques s'adressent à des personnes. Or, quand on fait de la sociologie, on apprend que les hommes ou les femmes ont leur responsabilité mais qu'ils ou elles sont grandement définis dans leurs possibilités et leurs impossibilités par la structure dans laquelle ils sont placés et par la position qu'ils occupent dans cette structure. Donc on ne peut se satisfaire de la polémique contre tel journaliste, tel philosophe ou tel philosophe-journaliste... Chacun a ses têtes de Turcs.

J'y sacrifie parfois moi aussi : Bernard-Henri Lévy est devenu une sorte de symbole de l'écrivain-journaliste ou du philosophe-journaliste. Mais ce n'est pas digne d'un sociologue de parler de Bernard-Henri Lévy... Il faut voir qu'il n'est qu'une sorte d'épiphénomène d'une structure, qu'il est, à la façon d'un électron, l'expression d'un champ. On ne comprend rien si on ne comprend pas le champ qui le produit et qui lui donne sa petite force.

C'est important pour dédramatiser l'analyse et aussi pour orienter rationnellement l'action. J'ai la conviction en effet (et le fait que je les présente sur une chaîne de télévision en témoigne) que des analyses comme celles-ci peuvent peut-être contribuer, pour une part, à changer les choses. Toutes les sciences ont cette prétention. Auguste Comte disait : « Science d'où prévoyance, prévoyance d'où action ». La science sociale a droit à cette ambition tout comme les autres sciences. Lorsqu'il décrit un espace comme le journalisme, en y investissant au départ des pulsions, des sentiments, des passions, passions et pulsions qui se subliment par le travail d'analyse, le sociologue a une certaine espérance d'efficacité. Par exemple, en élevant la conscience des mécanismes, il peut contribuer à donner un peu de liberté à des gens qui sont manipulés par ces mécanismes, qu'ils soient journalistes ou téléspectateurs. Je pense – c'est une parenthèse – que les journalistes qui peuvent se sentir objectivés, comme on dit, s'ils écoutent bien ce que je dis, seront amenés à se dire – du moins je l'espère – que, en explicitant des choses qu'ils savent confusément mais qu'ils ne veulent pas trop savoir, je leur donne des instruments de liberté pour maîtriser les mécanismes que j'évoque. De fait, à l'intérieur du journalisme, on peut penser à des alliances trans-journaux qui permettraient de neutraliser certains effets qui naissent de la concurrence. Si une partie des effets maléfiques naissent d'effets structuraux qui orientent la concurrence, qui elle-même produit l'urgence, qui elle-même produit la poursuite du *scoop*, qui elle-même fait qu'on peut lancer une information extrêmement dangereuse simplement pour battre un concurrent alors que personne ne s'en apercevra, s'il est vrai qu'il en est ainsi, le fait de rendre ces mécanismes conscients et explicites, peut conduire à une concertation, en vue de neutraliser la concurrence (un peu comme ça se fait parfois, dans des situations extrêmes, comme les enlèvements d'enfants, on peut imaginer – ou rêver – que les journalistes se mettent d'accord pour refuser d'inviter – à des fins d'audimat – des leaders politiques connus pour – et par – leurs propos xénophobes et s'engager à ne pas reproduire ces propos – ce qui serait infiniment plus efficace que toutes les prétendues « réfutations »). Je verse vraiment dans l'utopisme, et j'en ai conscience. Mais à ceux qui opposent toujours au sociologue son déterminisme et son pessimisme, j'objecterai seulement que si les mécanismes structuraux qui engendrent les manquements à la morale devenaient conscients, une action consciente visant à les contrôler deviendrait possible. Dans cet univers qui se caractérise par un haut degré de cynisme, on parle beaucoup de morale. En tant que sociologue, je sais que la morale n'est efficace que si elle s'appuie sur des structures, des mécanismes qui font que les gens ont intérêt à la morale. Et pour que quelque chose comme une inquiétude morale apparaisse, il faudrait qu'elle trouve des supports et des renforts, des récompenses, dans cette structure. Ces récompenses pourraient venir aussi du public (s'il était plus éclairé et plus conscient des manipulations qu'il subit).

Je pense donc qu'actuellement tous les champs de production culturelle sont soumis à la contrainte structurale du champ journalistique, et non de tel ou tel journaliste, de tel ou tel directeur de chaîne, eux-mêmes dépassés par les forces du champ. Et cette contrainte exerce des effets systématiques très équivalents dans tous les champs. Le champ journalistique agit, en tant que champ, sur les autres champs. Autrement dit, un champ lui-même de plus en plus dominé par la logique commerciale impose de plus en plus ses contraintes aux autres univers. A travers la pression de l'audimat, le poids de l'économie s'exerce sur la télévision, et, à travers le poids de la télévision sur le journalisme, il s'exerce sur les autres journaux, même sur les plus « purs », et sur les journalistes, qui peu à peu se laissent imposer des problèmes de télévision. Et, de la même façon, à travers le poids de l'ensemble du champ journalistique, il pèse sur tous les champs de production culturelle.

Dans un numéro de *Actes de la recherche en sciences sociales* que nous avons consacré au journalisme, il y a un très beau papier de Remi Lenoir qui montre comment, dans l'univers judiciaire, un certain nombre de magistrats justiciers, qui ne sont pas toujours les plus respectables du point de vue des normes internes du champ juridique, ont pu se servir de la télévision pour changer le rapport de forces à l'intérieur de leur champ et court-circuiter les hiérarchies internes. Ce qui peut être très bien, en certains cas, mais qui peut aussi mettre en danger un état, difficilement acquis, de la rationalité collective ; ou, plus précisément, mettre en question des acquis assurés et garantis par l'autonomie d'un univers juridique capable d'opposer sa logique propre aux intuitions du sens de la justice, du sens commun juridique, souvent victimes des apparences ou des passions. On a le sentiment que la pression des journalistes, qu'ils expriment leurs visions ou leurs valeurs propres, ou qu'ils prétendent, en toute bonne foi, se faire les porte-parole de « l'émotion populaire » ou de « l'opinion publique », oriente parfois très fortement le travail des juges. Et certains ont parlé d'un véritable transfert du pouvoir de juger. On pourrait aussi trouver l'équivalent jusque dans l'univers scientifique, où, comme on le voit dans des « affaires » analysées par Patrick Champagne, il arrive que la logique de la démagogie – celle de l'audimat – se substitue à la logique de la critique interne.

Tout ceci peut paraître bien abstrait ; je vais le redire plus simplement. Dans chacun des champs, le champ universitaire, le champ des historiens, etc., il y a des dominants et des dominés selon les valeurs internes du champ. Un « bon historien », c'est quelqu'un dont les bons historiens disent qu'il est un bon historien. C'est nécessairement circulaire. Mais l'hétéronomie commence quand quelqu'un qui n'est pas mathématicien peut intervenir pour donner son avis sur les mathématiciens, quand quelqu'un qui n'est pas reconnu comme un historien (un historien de télévision par exemple) peut donner son avis sur les historiens, et être entendu. Avec « l'autorité » que lui donne la télévision, M. Cavada vous dit que le plus grand philosophe français est M. X. Imagine-t-on que l'on puisse faire arbitrer un différend entre deux mathématiciens, deux biologistes ou deux physiciens par un référendum, ou par un débat entre des partenaires choisis par M. Cavada ? Or, les médias ne cessent pas d'intervenir pour énoncer des verdicts. Les hebdomadaires adorent ça : faire le bilan de la décennie, désigner les dix grands « intellectuels » de la décennie, de la quinzaine, de la semaine, les « intellectuels » qui comptent, ceux qui montent, ceux qui descendent... Pourquoi ça a un tel succès ? Parce que ce sont des instruments qui permettent d'agir sur la bourse des valeurs intellectuelles et dont les intellectuels, c'est-à-dire les actionnaires (souvent des petits porteurs, mais puissants dans le journalisme ou dans l'édition...) se servent pour tenter de faire monter le cours de leurs actions. Il y aussi les dictionnaires (des philosophes, des sociologues ou de la sociologie, des intellectuels, etc.) qui sont et ont toujours été des instruments de pouvoir, de consécration. Une des stratégies les plus communes consistant, par exemple, à inclure des gens qui pourraient ou devraient être exclus (selon des critères spécifiques), ou à exclure des gens qui pourraient ou devraient être inclus, ou encore à mettre côte à côte, dans un de ces « palmarès », Claude Lévi-Strauss et Bernard-Henri Lévy, c'est-à-dire une valeur indiscutée et une valeur indiscutablement discutable, pour tenter de modifier la structure des évaluations. Mais les journaux interviennent aussi pour poser des problèmes qui sont aussitôt repris par les intellectuels-journalistes. L'anti-intellectualisme, qui est une constante structurale (très facile à comprendre) du monde journalistique, porte par exemple les journalistes à soulever périodiquement la question des erreurs des intellectuels ou à introduire des débats qui ne peuvent mobiliser que les intellectuels-journalistes et qui n'ont souvent d'autre raison d'être que de permettre à ces intellectuels de télévision d'exister médiatiquement en se faisant un « créneau ».

Ces interventions extérieures sont très menaçantes, premièrement parce qu'elles peuvent tromper les profanes, qui malgré tout ont du poids, dans la mesure où les producteurs culturels ont besoin d'auditeurs, de spectateurs, de lecteurs, qui contribuent au succès de vente des livres, et à travers la vente, agissent sur les éditeurs, et à travers les éditeurs, sur les possibilités de publier à l'avenir. Avec la tendance des médias à célébrer des produits commerciaux destinés à finir dans leurs *best-sellers lists*, comme c'est le cas aujourd'hui, et à faire jouer la logique des renvois d'ascenseur entre écrivains-journalistes et journalistes-écrivains, les jeunes auteurs à 300 exemplaires, qu'ils soient poètes, romanciers, sociologues ou historiens, vont avoir de plus à plus de mal à publier. (Parenthèse : paradoxalement, je pense que la sociologie, et tout particulièrement la sociologie des intellectuels, a sans doute contribué à l'état des choses que nous observons dans le champ intellectuel français aujourd'hui. Cela, bien involontairement : elle peut en effet faire l'objet de deux usages opposés, l'un, *cynique*, qui consiste à se servir de la connaissance des lois du milieu pour rendre ses stratégies plus efficaces, l'autre, que l'on peut dire *clinique*, qui consiste à se servir de la connaissance des lois ou des tendances pour les combattre. J'ai la conviction qu'un certain nombre de cyniques, les prophètes de la transgression, les *fast thinkers* de télévision et les historiens journalistes, auteurs de dictionnaires ou de bilans de la pensée contemporaine au magnétophone, se servent délibérément de la sociologie – ou de ce qu'ils en comprennent – pour faire des coups de force, des coups d'État spécifiques dans le champ intellectuel. On pourrait en dire autant de ce qu'il pouvait y avoir de réellement critique dans la pensée de Debord qui, constitué en grand penseur du spectacle, sert d'alibi à un faux radicalisme cynique et propre à le neutraliser).

LA COLLABORATION

Mais les forces et les manipulations journalistiques peuvent agir aussi, de manière plus subtile, par la logique du cheval de Troie, c'est-à-dire en introduisant dans les univers autonomes, des producteurs hétéronomes qui, avec l'appui des forces externes, recevront une consécration qu'ils ne peuvent pas recevoir de leurs pairs. Ces écrivains pour non écrivains, philosophes pour non philosophes, et ainsi de suite, auront une cote télévision, un poids journalistique sans commune mesure avec leur poids spécifique dans leur univers spécifique. C'est un fait : de plus en plus, dans certaines disciplines, la consécration par les médias est prise en compte même par les commissions du CNRS. Lorsque tel ou tel producteur d'émissions de télévision ou de radio invite un chercheur, il lui donne une forme de reconnaissance qui, jusqu'à ce jour, était plutôt une dégradation. Il y a à peine trente ans, Raymond Aron était profondément suspecté dans ses capacités, peu contestables, d'universitaire parce qu'il était lié aux médias, en tant que journaliste au *Figaro*. Aujourd'hui, le changement du rapport de forces entre les champs est tel que, de plus en plus, les critères d'évaluation externes – le passage chez Pivot, la consécration dans les magazines, les portraits – s'imposent contre le jugement des pairs. Il faudrait prendre des exemples dans l'univers le plus pur, l'univers scientifique des sciences dures (dans l'univers des sciences sociales, ce serait compliqué parce que les sociologues parlent du monde social dans lequel tout le monde a des enjeux, des intérêts, en sorte qu'on a ses bons et ses mauvais sociologues pour des raisons qui n'ont rien à voir avec la sociologie). Dans le cas de disciplines apparemment plus indépendantes, comme l'histoire ou l'anthropologie, ou la biologie et la physique, l'arbitrage médiatique devient de plus en plus important dans la mesure où l'obtention de crédits peut dépendre d'une notoriété dont on ne sait plus trop ce qu'elle doit à la consécration médiatique et à la réputation auprès des pairs. J'ai l'air de dire des choses excessives mais malheureusement, je pourrais multiplier les exemples d'intrusion de pouvoirs médiatiques, c'est-à-dire économiques médiatisés par les médias, dans l'univers de la science la plus pure. C'est pourquoi la question de savoir si l'on s'exprime ou non à la télévision est tout à fait centrale et je voudrais que la communauté scientifique s'en préoccupe vraiment. Il serait important en effet que la prise de conscience de tous les mécanismes que j'ai décrits conduise à des tentatives collectives pour protéger l'autonomie qui est la condition du progrès scientifique contre l'emprise croissante de la télévision.

Pour que l'imposition du pouvoir des médias puisse s'exercer sur des univers comme l'univers scientifique, il faut qu'elle trouve des complicités dans le champ considéré. Complicité que la sociologie permet de comprendre. Les journalistes observent souvent avec beaucoup de satisfaction que les universitaires se précipitent dans les médias, sollicitant un compte rendu, quémandant une invitation, protestant contre l'oubli où ils sont tenus et, à entendre leurs témoignages, assez terrifiants, on est amené à douter vraiment de l'autonomie subjective des écrivains, des artistes et des savants. Il faut prendre acte de cette dépendance et surtout essayer d'en comprendre les raisons, ou les causes. Il faut, en quelque sorte, essayer de comprendre qui collabore. J'emploie le mot à dessein. Nous venons de publier dans *Actes de la recherche en sciences sociales*, un numéro qui contient un article de

Gisèle Sapiro sur le champ littéraire français sous l'occupation. Cette très belle analyse n'a pas pour fin de
dire qui a été collaborateur ou qui ne l'a pas été et de
régler rétrospectivement des comptes. Il s'agit de comprendre pourquoi, à tel moment, des écrivains ont
choisi tel camp plutôt que tel autre, à partir d'un certain nombre de variables. Pour aller vite, on peut dire
que plus les gens sont reconnus par leurs pairs, donc
riches en capital spécifique, et plus ils sont portés à
résister ; à l'inverse, plus ils sont hétéronomes dans
leurs pratiques proprement littéraires, c'est-à-dire atti-
rés par le commercial (comme Claude Farrère, auteur
de romans à succès, dont on a l'équivalent aujour-
d'hui), plus ils sont enclins à collaborer.

Mais je dois expliquer mieux ce qu'il faut entendre
par autonome. Un champ très autonome, celui des
mathématiques par exemple, est un champ dans lequel
les producteurs n'ont pour clients que leurs concurrents, ceux qui auraient pu faire à leur place la décou-
verte qu'ils leur présentent. (Mon rêve c'est que la
sociologie devienne comme ça ; malheureusement tout
le monde s'en mêle. Tout le monde croit la savoir, et
M. Peyreffite entend me donner des leçons de sociologie. Et pourquoi ne le ferait-il pas, me direz-vous,
puisqu'il trouve des sociologues et des historiens pour
aller discuter avec lui, à la télévision...). Pour conqué-
rir l'autonomie, il faut construire cette espèce de tour
d'ivoire à l'intérieur de laquelle on se juge, on se critique, on se combat même, mais en connaissance de
cause ; on s'affronte, mais avec des armes, des instruments scientifiques, des techniques, des méthodes. Il
m'est arrivé un jour de discuter à la radio avec un de
mes collègues historiens. A l'antenne, il me dit : « mon
cher collègue, j'ai refait votre analyse des correspon-

dances (il s'agit d'une méthode d'analyse statistique)
sur les patrons et je ne trouve pas du tout comme
vous ». J'ai pensé : « c'est magnifique ! Enfin quelqu'un
qui me critique vraiment... » Il se trouve qu'il avait
pris une autre définition du patronat et qu'il avait
enlevé de la population soumise à l'analyse les patrons
de banques. Il suffisait de les réintroduire (ce qui
engageait des choix théoriques et historiques importants) pour tomber d'accord. Il faut avoir un haut
degré d'accord sur le terrain de désaccord et sur les
moyens de le régler pour avoir un vrai débat scientifique pouvant conduire à un vrai accord ou à un vrai
désaccord scientifique. On s'étonne parfois de voir
que, à la télévision, les historiens ne sont pas toujours
d'accord entre eux. On ne comprend pas que, très souvent, ces discussions opposent des gens qui n'ont rien
en commun et qui ne devraient pas parler ensemble
(un peu comme si vous mettiez ensemble – les mauvais journalistes adorent ça – un astronome et un
astrologue, un chimiste et un alchimiste, un sociologue de la religion et un chef de secte, etc.).

On a ainsi, avec les choix des écrivains français sous
l'occupation, une application particulière de ce que
j'appelle la loi de Jdanov : plus un producteur culturel
est autonome, riche en capital spécifique et exclusivement tourné vers le marché restreint sur lequel on n'a
pour clients que ses propres concurrents, et plus il sera
enclin à la résistance. Plus, au contraire, il destine ses
produits au marché de grande production (comme les
essayistes, les écrivains-journalistes, les romanciers
conformes), plus il est enclin à collaborer avec les pouvoirs externes, Etat, Eglise, Parti, et, aujourd'hui, journalisme et télévision, à se soumettre à leurs demandes
ou à leurs commandes.

C'est une loi très générale qui s'applique aussi au présent. On m'objectera que collaborer avec les médias, ce n'est pas du tout la même chose que collaborer avec l'ennemi nazi. C'est certain et je ne condamne pas a priori, évidemment, toute forme de collaboration avec les journaux, la radio ou la télévision. Mais du point de vue des facteurs qui inclinent à la collaboration, entendue comme soumission sans conditions à des contraintes destructrices des normes des champs autonomes, la correspondance est frappante. Si les champs scientifiques, politiques, littéraires sont menacés par l'emprise des médias, c'est qu'il y a à l'intérieur de ces champs, des gens hétéronomes, peu consacrés du point de vue des valeurs spécifiques du champ, ou, pour employer le langage ordinaire, des « ratés » ou en voie de le devenir, qui ont intérêt à l'hétéronomie, qui ont intérêt à aller chercher au dehors des consécrations (rapides, précoces, prématurées et éphémères) qu'ils n'ont pas obtenues à l'intérieur du champ et qui, en outre, seront très bien vus par les journalistes parce qu'ils ne leur font pas peur (à la différence des auteurs plus autonomes) et qu'ils sont prêts à passer par leurs exigences. S'il me paraît indispensable de combattre les intellectuels hétéronomes, c'est qu'ils sont le cheval de Troie à travers lequel l'hétéronomie, c'est-à-dire les lois du commerce, de l'économie, s'introduit dans le champ.

Je viens très vite à l'exemple de la politique. Le champ politique lui-même a une certaine autonomie. Par exemple, le parlement est une espèce d'arène à l'intérieur de laquelle vont se régler, par le langage et par le vote, selon certaines règles, un certain nombre de disputes entre des gens qui sont censés exprimer des intérêts divergents ou même antagonistes. La télévision va produire dans ce champ des effets analogues à ceux qu'elle produit dans les autres champs, et en particulier dans le champ juridique : elle va mettre en question les droits de l'autonomie. Pour le montrer, je raconterai rapidement une histoire qui est rapportée dans le même numéro d'*Actes de la recherche en sciences sociales* consacré à l'emprise du journalisme, l'affaire de la petite Karine. C'est une gamine du sud de la France qui a été assassinée. Le petit journal du coin rapporte les faits, les protestations indignées du papa, du frère du papa, qui organise une petite manifestation locale, reprise par un petit journal, et puis un autre. On dit : « c'est affreux, un enfant ! Il faut rétablir la peine de mort ! ». Les hommes politiques à base locale s'en mêlent, les gens proches du Front National sont particulièrement excités. Un journaliste de Toulouse un peu plus conscient essaie de mettre en garde : « Attention, c'est un lynchage, il faut réfléchir ». Les associations d'avocats s'en mêlent à leur tour et dénoncent la tentation de la justice directe... La pression monte ; et, au bout du compte, l'incarcération à perpétuité est rétablie. Dans ce film accéléré, on voit comment à travers les médias agissant comme instrument d'information mobilisatrice, une forme perverse de la démocratie directe peut se mettre en place qui fait disparaître la distance à l'égard de l'urgence, de la pression des passions collectives, pas nécessairement démocratiques, qui est normalement assurée par la logique relativement autonome du champ politique. On voit se reconstituer une logique de la vengeance contre laquelle toute la logique juridique, et même politique, s'est constituée. Il arrive aussi que les journalistes, faute de garder la distance nécessaire à la réflexion, jouent le rôle du pompier incendiaire. Ils peuvent contribuer à créer l'événement, en montant en épingle un fait divers (un assassinat d'un jeune français par un autre jeune tout aussi français mais « d'origine africaine ») pour ensuite dénoncer ceux qui viennent mettre de l'huile sur le feu qu'ils avaient eux-mêmes allumé, c'est-à-dire le FN, qui, évidemment, exploite ou tente d'exploiter « l'émotion suscitée par l'événement », comme disent les journaux mêmes qui l'ont créé en le mettant à la une, en le rabâchant au début de tous les journaux télévisés, etc. ; et qui peuvent s'assurer ensuite un profit de vertu, de belle âme humaniste, en dénonçant à grands cris et en condamnant sentencieusement l'intervention raciste de celui qu'ils ont contribué à faire et à qui ils continuent à offrir ses plus beaux instruments de manipulation.

DROIT D'ENTRÉE ET DEVOIR DE SORTIE

Je voudrais maintenant dire quelques mots sur la question des rapports entre l'ésotérisme et l'élitisme. C'est un problème dans lequel se sont débattus, et parfois empêtrés, tous les penseurs, dès le XIXe siècle. Par exemple, Mallarmé, qui est le symbole même de l'écrivain ésotérique, pur, écrivant pour quelques personnes dans une langue inintelligible du commun, s'est préoccupé toute sa vie de rendre à tous ce qu'il avait conquis par son travail de poète. S'il y avait eu les médias, c'est quelqu'un qui se serait demandé : « Est-ce que je vais à la télévision ? Comment concilier cette exigence de 'pureté', qui est inhérente à toute espèce de travail scientifique ou intellectuel, et qui conduit à l'ésotérisme, avec le souci démocratique de rendre ces acquis accessibles au plus grand nombre ? » J'ai fait observer que la télévision produit deux effets. D'une part, elle abaisse le droit d'entrée dans un certain nombre de champs, philosophique, juridique, etc. : elle peut consacrer comme sociologue, écrivain, ou philosophe, etc., des gens qui n'ont pas payé le droit d'entrée du point de vue de la définition interne de la profession. D'autre part, elle est en mesure d'atteindre le plus grand nombre. Ce qui me paraît difficile à justifier, c'est que l'on s'autorise de l'extension de l'audience pour abaisser le droit d'entrée dans le champ. On objectera que je suis en train de tenir des propos éli-tistes, de défendre la citadelle assiégée de la grande science et de la grande culture, ou même de l'interdire au peuple (en essayant d'interdire la télévision à ceux qui se disent parfois les porte-parole du peuple, avec leurs cachets et leurs trains de vie mirobolants, sous prétexte qu'ils savent se faire entendre du peuple, se fai-re plébisciter par l'audimat). En fait, je défends les conditions nécessaires à la production et à la diffusion des créations les plus hautes de l'humanité. Pour échapper à l'alternative de l'élitisme et de la démago-gie, il faut à la fois défendre le maintien et même l'élé-vation du *droit d'entrée* dans les champs de production – je disais tout à l'heure que je souhaiterais qu'il en soit ainsi pour la sociologie, dont les malheurs viennent pour la plupart du fait que le droit d'entrée y est trop bas – et le renforcement du *devoir de sortie*, accompa-gné d'une amélioration des conditions et des moyens de sortie.

On brandit la menace du nivellement (c'est un thè-me récurrent de la pensée réactionnaire que l'on trouve notamment chez Heidegger). En fait, elle peut venir de l'intrusion des exigences médiatiques dans les champs de production culturelle. Il faut défendre à la fois l'éso-térisme inhérent (par définition) à toute recherche d'avant-garde et la nécessité d'exotériser l'ésotérique et de lutter pour obtenir les moyens de le faire dans de bonnes conditions. En d'autres termes, il faut défendre les conditions de production qui sont nécessaires pour faire progresser l'universel et en même temps, il faut travailler à généraliser les conditions d'accès à l'universel, pour faire en sorte que de plus en plus de gens remplissent les conditions nécessaires pour s'approprier l'universel. Plus une idée est complexe, parce qu'elle a été produite dans un univers autonome, plus la restitution est difficile. Pour surmonter la difficulté, il faut que les producteurs qui sont dans leur petite citadelle sachent en sortir et lutter, collectivement, pour avoir de bonnes conditions de diffusion, pour avoir la propriété de leurs moyens de diffusion ; lutter aussi, en liaison avec les enseignants, avec les syndicats, les associations, etc., pour que les récepteurs reçoivent une éducation visant à élever leur niveau de réception. Les fondateurs de la République, au XIXe siècle, disaient, on l'oublie, que le but de l'instruction, ce n'est pas uniquement de savoir lire, écrire, compter pour pouvoir faire un bon travailleur, mais de disposer des moyens indispensables pour être un bon citoyen, pour être en mesure de comprendre les lois, de comprendre et de défendre ses droits, de créer des associations syndicales... Il faut travailler à l'universalisation des conditions d'accès à l'universel.

On peut et on doit lutter contre l'audimat au nom de la démocratie. Ça paraît très paradoxal parce que les gens qui défendent le règne de l'audimat prétendent qu'il n'y a rien de plus démocratique (c'est l'argument favori des annonceurs et des publicitaires les plus cyniques, relayés par certains sociologues, sans parler des essayistes aux idées courtes, qui identifient la cri-

tique des sondages – et de l'audimat – à la critique du
suffrage universel), qu'il faut laisser aux gens la liberté
de juger, de choisir (« ce sont vos préjugés d'intellectuels élitistes qui vous portent à considérer tout ça
comme méprisable »). L'audimat, c'est la sanction du
marché, de l'économie, c'est-à-dire d'une légalité externe et purement commerciale, et la soumission aux exigences de cet instrument de marketing est l'exact équivalent en matière de culture de ce qu'est la démagogie
orientée par les sondages d'opinion en matière de politique. La télévision régie par l'audimat contribue à faire
peser sur le consommateur supposé libre et éclairé les
contraintes du marché, qui n'ont rien de l'expression
démocratique d'une opinion collective éclairée, rationnelle, d'une raison publique, comme veulent le faire
croire les démagogues cyniques. Les penseurs critiques
et les organisations chargées d'exprimer les intérêts des
dominés, sont très loin de penser clairement ce problème. Ce qui ne contribue pas peu à renforcer tous les
mécanismes que j'ai essayé de décrire.

L'emprise du journalisme

---

* J'ai cru utile de reproduire ici ce texte, déjà publié dans *Actes de la recherche en sciences sociales*, où j'avais exposé, dans une forme plus stricte et plus contrôlée, la plupart des thèmes dont j'ai donné ci-dessus une version plus accessible.

L'objet, ici, n'est pas le « pouvoir des journalistes » – et moins encore le journalisme comme « quatrième pouvoir » – mais l'emprise que les *mécanismes* d'un champ journalistique de plus en plus soumis aux exigences du marché (des lecteurs et des annonceurs) exercent, *d'abord sur les journalistes* (et les intellectuels-journalistes), et ensuite, et en partie à travers eux, sur les différents champs de production culturelle, champ juridique, champ littéraire, champ artistique, champ scientifique. Il s'agit donc d'examiner comment la contrainte structurale que fait peser ce champ, lui-même dominé par les contraintes du marché, modifie plus ou moins profondément les rapports de force à l'intérieur des différents champs, affectant ce que l'on y fait et ce qui s'y produit et exerçant des effets très semblables dans ces univers phénoménalement très différents. Cela sans tomber dans l'une ou l'autre des deux erreurs opposées, l'illusion du jamais vu et l'illusion du toujours ainsi.

L'emprise que le champ journalistique et, à travers lui, la logique du marché, exercent sur les champs de production culturelle, même les plus autonomes, n'a rien d'une nouveauté radicale : on pourrait sans peine composer, avec des textes empruntés aux écrivains du siècle dernier, un tableau tout à fait réaliste des effets les plus généraux qu'elle produit à l'intérieur de ces univers protégés[1]. Mais il faut se garder d'ignorer la spécificité de la situation actuelle qui, par delà les rencontres résultant de l'effet des homologies, présente des caractéristiques relativement sans précédent : les effets que le développement de la télévision produit dans le champ journalistique et, à travers lui, dans tous les autres champs de production culturelle, sont incomparablement plus importants, dans leur intensité et leur ampleur, que ceux que l'apparition de la littérature industrielle, avec la grande presse et le feuilleton, avait provoqués, suscitant chez les écrivains les réactions d'indignation ou de révolte d'où sont sorties, selon Raymond Williams, les définitions modernes de la « culture ».

Le champ journalistique fait peser sur les différents champs de production culturelle un ensemble d'effets qui sont liés, dans leur forme et leur efficacité, à sa structure propre, c'est-à-dire à la distribution des différents journaux et journalistes selon leur autonomie par rapport aux forces externes, celles du marché des lecteurs et celles du marché des annonceurs. Le degré d'autonomie d'un organe de diffusion se mesure sans doute à la part de ses recettes qui proviennent de la publicité et de l'aide de l'État (sous forme de publicité ou de subventions) et

---

1- On pourra par exemple s'en convaincre en lisant l'ouvrage de Jean-Marie Goulemot et Daniel Oster, *Gens de lettres, Écrivains et Bohèmes*, où l'on trouvera de très nombreux exemples des observations et des notations constitutives de la sociologie spontanée du milieu littéraire que les écrivains produisent, sans en détenir pour autant le principe, notamment dans leurs efforts pour objectiver leurs adversaires ou l'ensemble de ce qui leur déplaît dans le monde littéraire (cf. J.-M. Goulemot et D. Oster, *Gens de lettres, Écrivains et Bohèmes*, Paris, Minerve, 1992). Mais l'intuition des homologies peut aussi lire entre les lignes d'une analyse du fonctionnement du champ littéraire au siècle dernier une description des fonctionnements cachés du champ littéraire d'aujourd'hui (comme l'a fait Philippe Murray, « Des règles de l'art aux coulisses de sa misère », *Art Press*, 186, juin 1993, p. 55-67).

aussi au degré de concentration des annonceurs. Quant au degré d'autonomie d'un journaliste particulier, il dépend d'abord du degré de concentration de la presse (qui, en réduisant le nombre d'employeurs potentiels, accroît l'insécurité de l'emploi) ; ensuite de la position de son journal dans l'espace des journaux, c'est-à-dire plus ou moins près du pôle « intellectuel » ou du pôle « commercial » ; puis, de sa position dans le journal ou l'organe de presse (titulaire, pigiste, etc.), qui détermine les différentes garanties statutaires (liées notamment à la notoriété) dont il dispose et aussi son salaire (facteur de moindre vulnérabilité aux formes douces de relations publiques et de moindre dépendance envers les travaux alimentaires ou mercenaires à travers lesquels s'exerce l'emprise des commanditaires) ; et enfin de sa capacité de production autonome de l'information (certains journalistes, comme les vulgarisateurs scientifiques ou les journalistes économiques, étant particulièrement dépendants). Il est clair en effet que les différents pouvoirs, et en particulier les instances gouvernementales, agissent non seulement par les contraintes économiques qu'ils sont en mesure d'exercer mais aussi par toutes les pressions qu'autorise le monopole de l'information légitime – des *sources officielles* notamment –; ce monopole donne d'abord aux autorités gouvernementales et à l'administration, la police par exemple, mais aussi aux autorités juridiques, scientifiques, etc. des armes dans la lutte qui les oppose aux journalistes et dans laquelle elles essaient de manipuler les informations ou les agents chargés de les transmettre tandis que la presse essaie de son côté de manipuler les détenteurs de l'information pour tenter de l'obtenir et de s'en assurer l'exclusivité. Sans oublier le pouvoir symbolique exceptionnel que confère aux grandes autorités de l'État la capacité de définir, par leurs actions, leurs décisions et leurs interventions dans le champ journalistique (interviews, conférences de presse, etc.), *l'ordre du jour* et la hiérarchie des événements qui s'imposent aux journaux.

QUELQUES PROPRIÉTÉS DU CHAMP JOURNALISTIQUE

Pour comprendre comment le champ journalistique contribue à renforcer, au sein de tous les champs, le « commercial » au détriment du « pur », les producteurs les plus sensibles aux séductions des pouvoirs économiques et politiques aux dépens des producteurs les plus attachés à défendre les principes et les valeurs du « métier », il faut à la fois apercevoir qu'il s'organise selon une structure homologue de celle des autres champs et que le poids du « commercial » y est beaucoup plus grand.

Le champ journalistique s'est constitué comme tel, au XIXe siècle, autour de l'opposition entre les journaux offrant avant tout des « *nouvelles* », de préférence « sensationnelles », ou, mieux, « à sensation », et des journaux proposant des analyses et des « commentaires » et attachés à marquer leur distinction par rapport aux premiers en affirmant hautement des valeurs d'« objectivité »[2] ; il est le lieu d'une opposition entre deux logiques et deux principes de légitimation : la reconnaissance par les pairs, accordée à ceux qui reconnaissent le plus complètement

---

2- Sur l'émergence de l'idée d'« objectivité » dans le journalisme américain comme produit de l'effort des journaux soucieux de respectabilité pour distinguer l'information du simple récit de la presse populaire, voir M. Schudson, *Discovering the news*, New York, Basic Books, 1978. Sur la contribution que l'opposition entre les journalistes tournés vers le champ littéraire et soucieux d'écriture et les journalistes proches du champ politique a pu apporter, dans le cas de la France, à ce processus de différenciation et à

les « valeurs » ou les principes internes, et la reconnaissance par le plus grand nombre, matérialisée dans le nombre d'entrées, de lecteurs, d'auditeurs ou de spectateurs, donc le chiffre de vente (*best-sellers*) et le profit en argent, la sanction du plébiscite étant inséparablement en ce cas un verdict du marché.

Comme le champ littéraire ou le champ artistique, le champ journalistique est donc le lieu d'une logique spécifique, proprement culturelle, qui s'impose aux journalistes à travers les contraintes et les contrôles croisés qu'ils font peser les uns sur les autres et dont le respect (parfois désigné comme déontologie) fonde les réputations d'honorabilité professionnelle. En fait, en dehors peut-être des « reprises », dont la valeur et la signification dépendent elles-mêmes de la position dans le champ de ceux qui les font et de ceux qui en bénéficient, il y a peu de sanctions positives relativement indiscutables ; quant aux sanctions négatives, contre celui qui omet de citer ses sources par exemple, elles sont à peu près inexistantes – si bien qu'on tend à ne citer une source journalistique, surtout lorsqu'il s'agit d'un organe mineur, que pour se dédouaner.

Mais, comme le champ politique et le champ économique, et beaucoup plus que le champ scientifique, artistique ou littéraire ou même juridique, le champ journalistique est soumis en permanence à l'épreuve des verdicts du marché, à travers la sanction, directe, de la

l'invention d'un « métier » propre (avec, notamment, le reporter), on pourra lire T. Ferenczi, *L'invention du journalisme en France : naissance de la presse moderne à la fin du XIXe siècle*, Plon, 1993. Sur la forme que prend cette opposition dans le champ des journaux et hebdomadaires français et sur sa relation avec des catégories différentes de lectures et de lecteurs, voir P. Bourdieu, *La Distinction, Critique sociale du jugement de goût*, Paris, Éd. de Minuit, 1979, p. 517-526.

clientèle ou, indirecte, de l'audimat (même si l'aide de l'État peut assurer une certaine indépendance à l'égard des contraintes immédiates du marché). Et les journalistes sont sans doute d'autant plus enclins à adopter le « critère audimat » dans la production (« faire simple », « faire court », etc.) ou dans l'évaluation des produits et même des producteurs (« passe bien à la télévision », « se vend bien », etc.), qu'ils occupent une position plus élevée (directeurs de chaîne, rédacteurs en chef, etc.) dans un organe plus directement dépendant du marché (une chaîne de télévision commerciale par opposition à une chaîne culturelle, etc.), les journalistes les plus jeunes et les moins établis étant au contraire plus enclins à opposer les principes et les valeurs du « métier » aux exigences, plus réalistes ou plus cyniques, de leurs « anciens »[3].

Dans la logique spécifique d'un champ orienté vers la production de ce bien hautement périssable que sont les *nouvelles*, la concurrence pour la clientèle tend à prendre la forme d'une concurrence pour la priorité, c'est-à-dire pour les nouvelles les plus nouvelles (le *scoop*), – et cela d'autant plus, évidemment, que l'on est plus proche du pôle commercial. La contrainte du marché ne s'exerce que par l'intermédiaire de l'effet de champ : en effet, nombre de ces *scoop*s qui sont recherchés et appréciés comme des atouts dans la conquête de la clientèle, sont

---

3 - Comme dans le champ littéraire, la hiérarchie selon le critère externe, le succès de vente, est à peu près l'inverse de la hiérarchie selon le critère interne, le « sérieux » journalistique. Et la complexité de cette distribution selon une structure chiasmatique (qui est aussi celle des champs littéraire, artistique ou juridique) est redoublée par le fait que l'on retrouve, au sein de chaque organe de presse, écrite, radiophonique ou télévisée, fonctionnant lui-même comme un sous-champ, l'opposition entre un pôle « culturel » et un pôle « commercial » qui organise l'ensemble du champ, en sorte que l'on a affaire à une série de structures emboîtées (du type a:b::b1:b2).

voués à rester ignorés des lecteurs ou des spectateurs et à n'être aperçus que par les concurrents (les journalistes étant les seuls à lire l'ensemble des journaux...). Inscrite dans la structure et les mécanismes du champ, la concurrence pour la priorité appelle et favorise les agents dotés de dispositions professionnelles inclinant à placer toute la pratique journalistique sous le signe de la vitesse (ou de la précipitation) et du renouvellement permanent[4]. Dispositions sans cesse renforcées par la temporalité même de la pratique journalistique qui, en obligeant à vivre et à penser au jour le jour et à valoriser une information en fonction de son actualité (c'est l'« accro-actu » des journaux télévisés), favorise une sorte d'amnésie permanente qui est l'envers négatif de l'exaltation de la nouveauté et aussi une propension à juger les producteurs et les produits selon l'opposition du « nouveau » et du « dépassé »[5].

Autre effet de champ, tout à fait paradoxal, et peu favorable à l'affirmation de l'autonomie, collective ou individuelle : la concurrence incite à exercer une surveillance permanente (qui peut aller jusqu'à l'espionnage mutuel) sur les activités des concurrents, afin de profiter de leurs échecs, en évitant leurs erreurs, et de contrecarrer leurs succès, en essayant d'emprunter les instruments *supposés* de leur réussite, thèmes de numéros spéciaux

---

4 - C'est à travers les contraintes temporelles, imposées souvent de manière purement arbitraire, que s'exerce la *censure structurale*, pratiquement inaperçue, qui pèse sur les propos des invités à la télévision.

5 - Si l'affirmation « c'est dépassé » peut aujourd'hui tenir lieu si souvent, et bien au-delà du champ journalistique, de toute argumentation critique, c'est aussi que les prétendants pressés ont un intérêt évident à mettre en œuvre ce principe d'évaluation qui confère un avantage indiscutable au dernier venu, c'est-à-dire au plus jeune, et qui, étant réductible à quelque chose comme l'opposition presque vide entre l'avant et l'après, les dispense de faire leurs preuves.

qu'on se sent tenu de reprendre, livres recensés par d'autres et dont « on ne peut pas ne pas parler », invités qu'il faut avoir, sujets qu'on doit « couvrir » parce que d'autres les ont découverts et même journalistes qu'on se dispute, autant pour empêcher les concurrents de les avoir que par désir réel de les posséder. C'est ainsi que, en ce domaine comme en d'autres, la concurrence, loin d'être automatiquement génératrice d'originalité et de diversité, tend souvent à favoriser l'*uniformité* de l'offre, comme on peut aisément s'en convaincre en comparant les contenus des grands hebdomadaires, ou des chaînes de radio ou de télévision à vaste audience. Mais ce mécanisme, très puissant, a aussi pour effet d'imposer insidieusement à l'ensemble du champ les « choix » des instruments de diffusion les plus directement et complètement soumis aux verdicts du marché, telle la télévision, ce qui contribue à orienter toute la production dans le sens de la conservation des valeurs établies, comme l'atteste par exemple le fait que les palmarès périodiques par lesquels les intellectuels-journalistes s'efforcent d'imposer leur vision du champ (et, à la faveur des « renvois d'ascenseur », la reconnaissance de leurs pareils...) juxtaposent presque toujours des auteurs de produits culturels hautement périssables et destinés à figurer pendant quelques semaines, avec leur soutien, dans la liste des *best-sellers*, et des auteurs consacrés qui sont à la fois des « valeurs sûres » propres à consacrer le bon goût de ceux qui les consacrent et aussi, en tant que classiques, des *best-sellers* dans la longue durée. C'est dire que, même si leur efficience s'accomplit presque toujours à travers les actions de personnes singulières, les mécanismes dont le champ journalistique est le lieu et les effets qu'ils exercent sur les autres champs sont déterminés dans leur intensité et leur orientation par la *structure* qui le caractérise.

LES EFFETS DE L'INTRUSION

L'emprise du champ journalistique tend à renforcer en tout champ les agents et les institutions situés à proximité du pôle le plus soumis à l'effet du nombre et du marché ; cet effet s'exerce d'autant plus que les champs qui le subissent sont eux-mêmes plus étroitement soumis, structuralement, à cette logique et que le champ journalistique qui l'exerce est lui aussi plus soumis, conjoncturellement, aux contraintes externes qui, structuralement, l'affectent plus que les autres champs de production culturelle. Or on observe aujourd'hui par exemple que les sanctions internes tendent à perdre de leur force symbolique et que les journalistes et les journaux « sérieux » perdent de leur aura et sont eux-mêmes contraints de faire des concessions à la logique du marché et du *marketing*, introduite par la télévision commerciale, et à ce nouveau principe de légitimité qu'est la consécration par le nombre et la « visibilité médiatique », capables de conférer à certains produits (culturels ou même politiques) ou à certains « producteurs » le substitut apparemment démocratique des sanctions spécifiques imposées par les champs spécialisés. Certaines « analyses » de la télévision ont dû leur succès auprès des journalistes, surtout les plus sensibles à l'effet d'audimat, au fait qu'elles confèrent une *légitimité démocratique* à la logique commerciale en se contentant de poser en termes de *politique*, donc de plébiscite, un problème de production et de diffusion *culturelles*[6].

---

[6] - Il suffit pour cela d'énoncer des problèmes de journaliste (comme le choix entre TF1 et Arte) dans un langage qui pourrait être celui du journalisme : « Culture et télévision : entre la cohabitation et l'apartheid » (D. Wolton, *Éloge du grand public*, Paris, Flammarion, 1990, p. 163). Qu'il soit permis de dire en passant, pour essayer de justifier ce que l'analyse scientifique peut avoir de rugueux, voire de laborieux, à quel point la rupture avec

Ainsi, le renforcement de l'emprise d'un champ journalistique lui-même de plus en plus soumis à la domination directe ou indirecte de la logique commerciale tend à menacer l'autonomie des différents champs de production culturelle, en renforçant, au sein de chacun d'eux, les agents ou les entreprises qui sont les plus enclins à céder à la séduction des profits « externes » parce qu'ils sont moins riches en capital spécifique (scientifique, littéraire, etc.) et moins assurés des profits spécifiques que le champ leur garantit dans l'immédiat ou à terme plus ou moins éloigné.

L'emprise du champ journalistique sur les champs de production culturelle (en matière de philosophie et de sciences sociales notamment) s'exerce principalement à travers l'intervention de producteurs culturels situés en un lieu incertain entre le champ journalistique et les champs spécialisés (littéraire ou philosophique, etc.). Ces « intellectuels-journalistes » [7] qui se servent de leur double-appartenance pour esquiver les exigences spécifiques des deux univers et pour importer en chacun d'eux des pouvoirs plus ou moins bien acquis dans l'autre, sont en mesure d'exercer deux effets majeurs : d'une part, introduire des formes nouvelles de production culturelle, situées dans un entre-deux mal défini entre l'ésotérisme universitaire et l'exotérisme journalistique ; d'autre part, imposer, notamment à travers leurs

les pré-constructions et les présupposés du langage ordinaire, et tout particulièrement journalistique, s'impose comme condition de la construction adéquate de l'objet.

7 - Il faudrait mettre à part, à l'intérieur de cette catégorie aux frontières floues, les producteurs culturels qui, selon une tradition qui s'est instaurée dès l'apparition d'une production « industrielle » en matière de culture, demandent aux métiers du journalisme des *moyens d'existence* et non des pouvoirs (de contrôle ou de consécration notamment) susceptibles de s'exercer sur les champs spécialisés (effet Jdanov).

jugements critiques, des principes d'évaluation des productions culturelles qui, en donnant la ratification d'une apparence d'autorité intellectuelle aux sanctions du marché et en renforçant l'inclination spontanée de certaines catégories de consommateurs à l'*allodoxia*, tendent à renforcer l'effet d'audimat ou de *best-seller list* sur la réception des produits culturels et aussi, indirectement et à terme, sur la production, en orientant les choix (ceux des éditeurs par exemple) vers des produits moins exigeants et plus vendables.

Et ils peuvent compter sur le soutien de ceux qui, identifiant l'«objectivité» à une sorte de savoir-vivre de bonne compagnie et de neutralité éclectique à l'égard de toutes les parties concernées, prennent des produits de culture moyenne pour des œuvres d'avant-garde ou qui dénigrent les recherches d'avant-garde (et pas seulement en matière d'art) au nom des valeurs du bon sens[8]; mais ces derniers peuvent à leur tour compter sur l'approbation ou même la complicité de tous les consommateurs qui, comme eux, sont inclinés à l'*allodoxia* par leur distance au « foyer des valeurs culturelles » et par leur propension intéressée à se dissimuler les limites de leurs capacités d'appropriation – selon la logique de la *self deception* qu'évoque bien la formule souvent employée par les lecteurs de revues de vulgarisation : «c'est une revue scientifique de très haut niveau et accessible à tous ».

Ainsi peuvent venir à se trouver menacés des acquis qui ont été rendus possibles par l'autonomie du champ et par sa capacité de résister aux demandes mondaines, celles que symbolise aujourd'hui l'audimat et que les

---

8 - Nombre de contestations récentes de l'art moderne ne se distinguent guère, sinon peut-être par la prétention de leurs attendus, des verdicts que l'on obtiendrait si l'on soumettait l'art d'avant-garde au plébiscite ou, ce qui revient au même, au sondage d'opinion.

écrivains du siècle passé visaient expressément lorsqu'ils s'insurgeaient contre l'idée que l'art (on pourrait dire la même chose de la science) puisse être soumis au verdict du suffrage universel. Devant cette menace, deux stratégies sont possibles, qui sont plus ou moins fréquentes selon les champs et leur degré d'autonomie : marquer fermement les limites du champ et tenter de restaurer les frontières menacées par l'intrusion du mode de pensée et d'action journalistique ; ou sortir de la tour d'ivoire (selon le modèle inauguré par Zola) pour imposer les valeurs issues de la retraite dans la tour d'ivoire, et se servir de tous les moyens disponibles, dans les champs spécialisés ou au dehors, et au sein du champ journalistique lui-même, pour tenter d'imposer à l'extérieur les acquis et les conquêtes rendues possibles par l'autonomie.

Il y a des conditions économiques et culturelles de l'accès à un jugement scientifique éclairé et l'on ne pourrait demander au suffrage universel (ou au sondage) de trancher des problèmes de science (bien qu'on le fasse parfois, indirectement, et sans le savoir) sans anéantir du même coup les conditions mêmes de la production scientifique, c'est-à-dire la barrière à l'entrée qui protège la cité scientifique (ou artistique) contre l'irruption destructrice de principes de production et d'évaluation externes, donc impropres et déplacés. Mais il ne faut pas en conclure que la barrière ne puisse pas être franchie *dans l'autre sens* et qu'il soit intrinsèquement impossible de travailler à une redistribution démocratique des acquisitions rendues possibles par l'autonomie. Cela à condition que l'on aperçoive clairement que toute action visant à divulguer les acquis les plus rares de la recherche scientifique ou artistique la plus avancée suppose la mise en question du *monopole des instruments de diffusion* de cette information (scientifique ou artistique) que le champ journalistique détient en fait et aussi la critique de la représentation des attentes du plus grand nombre que construit la démagogie commerciale de ceux qui ont les moyens de s'interposer entre les producteurs culturels (au nombre desquels on peut compter, en ce cas, les hommes politiques) et la grande masse des consommateurs.

La distance entre les producteurs professionnels (ou leurs produits) et les simples consommateurs (lecteurs, auditeurs, spectateurs, et aussi électeurs) qui trouve son fondement dans l'autonomie des champs de production spécialisés est plus ou moins grande, plus ou moins difficile à surmonter et plus ou moins inacceptable, du point de vue des principes démocratiques, selon les champs. Et, contrairement aux apparences, elle s'observe aussi dans l'ordre de la politique dont elle contredit les principes déclarés. Bien que les agents qui sont engagés dans le champ journalistique et dans le champ politique soient dans une relation de concurrence et de lutte permanentes et que le champ journalistique soit, d'une certaine façon, englobé dans le champ politique au sein duquel il exerce des effets très puissants, ces deux champs ont en commun d'être très directement et très étroitement placés sous l'empire de la sanction du marché et du plébiscite. Il s'ensuit que l'emprise du champ journalistique renforce les tendances des agents engagés dans le champ politique à se soumettre à la pression des attentes et des exigences du plus grand nombre, parfois passionnelles et irréfléchies, et souvent constituées en revendications mobilisatrices par l'expression qu'elles reçoivent dans la presse.

Sauf lorsqu'elle use des libertés et des pouvoirs critiques que lui assure son autonomie, la presse, surtout télévisée (et commerciale), agit dans le même sens que le sondage, avec qui elle doit elle-même compter : bien qu'il puisse servir aussi d'instrument de démagogie rationnelle tendant à renforcer la fermeture sur soi du champ politique, le sondage instaure avec les électeurs une relation directe, *sans médiation*, qui met hors jeu tous les agents individuels ou collectifs (tels que les partis ou les syndicats) socialement mandatés pour élaborer et proposer des opinions constituées ; il dépossède tous les mandataires et tous les porte-parole de leur prétention (partagée par les grands éditorialistes du passé) au monopole de l'expression légitime de l'« opinion publique » et, du même coup, de leur capacité de travailler à une élaboration critique (et parfois collective, comme dans les assemblées législatives) des opinions réelles ou supposées de leurs mandants.

Tout cela fait que l'emprise sans cesse accrue d'un champ journalistique lui-même soumis à une emprise croissante de la logique commerciale sur un champ politique toujours hanté par la tentation de la démagogie (tout spécialement à un moment où le sondage lui offre le moyen de l'exercer de manière rationalisée) contribue à affaiblir l'autonomie du champ politique et, du même coup, la capacité accordée aux représentants (politiques ou autres) d'invoquer leur compétence d'*experts* ou leur autorité de *gardiens des valeurs collectives.*

Comment ne pas évoquer, pour finir, le cas des juristes qui, au prix d'une « pieuse hypocrisie », sont en mesure de perpétuer la croyance que leurs verdicts trouvent leur principe non dans des contraintes externes, économiques notamment, mais dans les normes transcendantes dont ils sont les gardiens ? Le champ juridique n'est pas ce qu'il croit être, c'est-à-dire un univers pur de toute compromission avec les nécessités de la politique ou de l'économie. Mais le fait qu'il parvienne

à se faire reconnaître comme tel contribue à produire
des effets sociaux tout à fait réels et d'abord sur ceux qui
ont pour métier de dire le droit. Mais qu'adviendra-t-il
des juristes, incarnations plus ou moins sincères de l'hypocrisie collective, s'il devient de notoriété publique
que, loin d'obéir à des vérités et des valeurs transcendantes et universelles, ils sont traversés, comme tous les
autres agents sociaux, par des contraintes comme celles
que font peser sur eux, bouleversant les procédures ou
les hiérarchies, la pression des nécessités économiques
ou la séduction des succès journalistiques?

PETIT POST-SCRIPTUM NORMATIF

*Dévoiler les contraintes cachées qui pèsent sur les journalistes
et qu'ils font peser à leur tour sur tous les producteurs culturels, ce n'est pas, – est-il besoin de le dire? – dénoncer des responsables, mettre à l'index des coupables[9]. C'est tenter d'offrir aux uns et aux autres une possibilité de se libérer, par la
prise de conscience, de l'emprise de ces mécanismes et proposer peut-être le programme d'une action concertée entre les
artistes, les écrivains, les savants et les journalistes, détenteurs du (quasi-) monopole des instruments de diffusion.
Seule une telle collaboration permettrait de travailler effi-
cacement à la divulgation des acquis les plus universels de
la recherche et aussi, pour une part, à l'universalisation
pratique des conditions d'accès à l'universel.*

---

9 - Pour éviter de produire l'effet d'« épinglage » ou de caricature
que l'on risque de susciter dès que l'on *publie tels quels* des propos
enregistrés ou des textes imprimés, nous avons dû maintes fois
renoncer à reproduire des documents qui auraient donné toute leur
force à nos démonstrations et qui auraient en outre rappelé au
lecteur, par l'effet de mise en exergue qui débanalise en arrachant
au contexte familier, tous les exemples équivalents que la routine
du regard ordinaire laisse échapper.

RÉFÉRENCES CITÉES

ACCARDO (Alain), avec G. Abou, G. Balastre, D. Marine, *Journalistes au quotidien, Outils pour une socioanalyse des pratiques journalistiques*, Bordeaux, Le Mascaret, 1995.

ACCARDO (Alain), « Le destin scolaire », in P. Bourdieu, *La Misère du monde*, Paris, Editions du Seuil, 1993, p. 719-735.

BOURDIEU (Pierre), « L'Emprise du journalisme », *Actes de la recherche en sciences sociales*, 101-102, mars 1994, p. 3-9.

– (avec Wacquant Loïc), *Réponses*, Paris, Editions du Seuil, 1992.

CHAMPAGNE (Patrick), « La construction médiatique des 'malaises sociaux' », *Actes de la recherche en sciences sociales*, 90, décembre 1991, p. 64-75.

– « La vision médiatique », in *La Misère du monde, op. cit.*, p. 61-79.

– « La loi des grands nombres. Mesure de l'audience et représentation politique du public », *Actes de la recherche en sciences sociales*, 101-102, mars 1994, p. 10-22.

DELEUZE (Gilles), *A propos des nouveaux philosophes et d'un problème plus général*, Paris, Editions de Minuit, 1978.

GODARD (Jean-Luc), *Godard par Godard. Des années Mao aux années 80*, Paris, Flammarion, 1985.

LENOIR (Remi), « La parole est aux juges. Crise de la magistrature et champ journalistique », *Actes de la recherche en sciences sociales*, 101-102, mars 1994, p. 77-84.

SAPIRO (Gisèle), « La raison littéraire. Le champ littéraire français sous l'Occupation (1940-1944) », *Actes de la recherche en sciences sociales*, 111-112, mars 1996, p. 3-35.

– « Salut littéraire et littérature du salut. Deux trajectoires de romanciers catholiques : François Mauriac et Henry Bordeaux », *Actes de la recherche en sciences sociales*, 111-112, mars 1996, p.36-58.

Achevé d'imprimer sur rotative
par l'imprimerie Darantiere
à Dijon-Quetigny en
novembre 2011

39ᵉ édition

Diffusion : Le Seuil
Dépôt légal : 4ᵉ trimestre 1996
N° d'impression : 11-1478

Imprimé en France